[日]冈田尊司 著
舟慕云 译

不可耻，

但没用

北京时代华文书局

序

有相当长的一段时间，我都觉得活着是件很麻烦的事。说得更具体的话，这段相当长的时间持续有十年以上。不，也许是二十年以上——说不定现在也还在继续，但是这种感觉已经很轻微了。这种感觉大概从我上高中的后半段时期开始，在长达十年的大学时期最严重，快三十岁开始工作之后依然持续，而这种状况开始减轻是在我三十五岁之后。

因为怕麻烦，我从文学系哲学专业退学，又考了医学系，根本问题并没有解决。上课也在敷衍，只上必修课。当时的情况我至今记忆犹新。我在医学系读一年级的时候，住在京都大学后面的吉田山，山上有一座叫真如堂的寺庙，是赏枫叶的好地方，我寄宿在山上的一户人家中。寄宿费每学期只要一万日元，按照当时的标准也很便宜。下山的路上有一座吉田山庄，外观气派，庭院景色优美，是一家很高级的料亭旅馆，每天有黑漆车来来往往地接送顾客。在那里吃一顿饭要花费几万日元，而我每天的伙食费甚至不超过一千日元。

有一次，朋友特地来看我，因为我整天待在寄宿的地方不去上课，他担心我不知道要考试，专门来通知我。实际上我确实不知道，但是知道之后也丝毫没有惊慌。他看到我这个样子不由得苦笑："冈田，你肯定会长寿。"他耐心地告诉我哪些地方是复习重点，容易被出题，叮嘱我认真看，然后才回去。

即使知道了要考试，朋友还特意给我押题，甚至告诉了我答案，我还是不想学习。不是发呆就是做其他事情，尽量不让自己去想考试的事。就这样到了晚上，我想反正考试也过不了，倒头就睡，醒来已经是第二天早上了。既然着急也没用，索性破罐子破摔，继续睡觉吧。可是考试开始前一个小时我又匆忙爬起来，看了一遍朋友给我打印的东西。再看看时间，觉得也许还能赶上考试，于是在最后关头改变了想法，决定还是去试试，我甚至开始后悔没有早点复习。骑着自行车火急火燎地到了学校，累得屁股"着火"根本下不了车。

为什么我会无精打采呢？为什么总是逃避应该做的事情，明明什么都没做却感觉疲惫不堪？最主要的原因是我觉得做什么都麻烦。现在我几乎每天都会遇到和当时的自己状态一样的人，而我的工作就是督促他们。这对我来说是不可思议的机缘，以前的经历让我对他们感同身受。

当时，我为了挣生活费必须打工，不胜烦恼。活着就要吃饭，想吃饭就必须挣钱，非常麻烦，让人很痛苦，让我觉得生存是一件麻烦而又痛苦的事情。

那个时候我有一个梦想，就是可以像牛马一样吃草就能生存。我们都知道，人体没有能分解细胞壁中纤维素的酶，所以吃草是无法消化的，只会拉肚子。但是如果唾液和胃液中含有纤维素酶就简单了，随处都有树叶和草，饿的时候很容易填饱肚子，也就不用劳动了。随便吃别人院子里的树叶也许会让主人家不高兴，而吃杂草的话就没人管得着了，这样一来就可以解决"吃"的麻烦。不过一天不吃东西就无法保证营养，而且会出现肠胃问题，久而久之，也许会有更大的麻烦。

我的另一个梦想现实一点儿，并非完全不可能实现，但也不容易。就是写出一本畅销小说一夜成名，拿到一大笔版税,再也不用工作。各位读者是不是偶尔也闪现过我这样的念头呢?说起来有点不好意思,那个时候我是非常认真地憧憬着。不,不仅如此,这甚至是我活着的唯一企望。

获得小说新人奖,拿到奖金,扬眉吐气地告诉总是坏心眼地监视我的雇主,自己要辞职专心写小说了——我曾经无数次幻想那一天的到来,幻想那个场景。

然而,现实生活中这一天并没有到来,我依然要每天小心觑着雇主的脸色干活,提心吊胆地,生怕他开除我。我构思了一部小说《时光经纪人》,这个故事依托于我的梦想。讲的是一个青年不愿意打工,于是来到收购时间的时光经纪人那里出售时间的故事。时光经纪人只购买时间,不需要对方支付劳动这种野蛮的代价。没有痛苦和辛劳,不会让人心烦,只要付出时间就可以换取金钱,可见当时的我多么渴望逃避现实。

小说中有一个情节设定,时间的出售方式有两种:出售现在和出售将来。刚开始时,主人公满足于出售现在,可是因为急需一大笔钱,他把手伸向了出售将来……就是这样一个故事。我成为小说家的梦想并没有实现,直到现在这个作品也没有机会发表，而当时我做梦都希望这部小说可以面世，把我从烦琐的劳动中解救出来。

讽刺的是，我能够发表作品、出版成书，是在某种程度上放下了一心摆脱麻烦、逃避生存的想法之后。想摆脱麻烦却摆脱不了，只好尝试一点一点改变生活方式，慢慢发现避之不及、嫌麻烦的事情也不是那么麻烦，机会也越来越多。不仅是我，很多从这个时期逃离的人都会有这样的体会。

不能急于求成，勉强自己选择不适合的生活方式会适得其反。每个人的特点、个性、成长背景都不一样，因而适合每个人的生活方式也不同。找到适合自己的生活方式可以让潜力得到最大限度的发挥。从这个意义上说，哪种生活方式更好，无法一概而论，也不能和别人比较，关键要看是否适合自己。一定要了解自身的特点，弄清楚怎样做才能更好地发挥出自己的优势。

现在不仅未成年人存在这样的问题，成年后依然无法摆脱"嫌麻烦"心态的也大有人在，相关数据表明有这样心态的人数在增加，本书第五章中我会详细说明。那么"嫌麻烦"到底是什么样的状态呢？怎样才能改善、克服呢？

本书列举了大量的临床案例和生活中的具体事例，他们的人生经历会给我们带来启发。本书还介绍了精神医学和心理学上对于回避型人格的研究成果，探讨了前人的经验和治疗的最新方法，希望对读者有帮助。希望大家多多思考，怎样才能摆脱嫌麻烦和回避的心态，找到合适的生活方式，更好地发挥自己的能力。

本书不采用特殊案例，而是用普通人的临床案例和事例作为参考，并进行了再加工，佐以伟人或名人的案例，以他们的自传或公开发表的评论等为资料参考。

冈田尊司

目录

第一章
生活就是一地鸡毛

觉得和别人见面很麻烦	003
觉得努力很麻烦	006
别人的期待也让他们觉得麻烦	008
油瓶倒了都不扶	010
觉得上学很麻烦	012
做决定很麻烦	015
进入社会很麻烦	017
谈恋爱也很麻烦	019
结婚生子也很麻烦	021
求人很麻烦	023
活着很麻烦	025

第二章
回避型人格障碍是什么？

"嫌麻烦"的根本问题是什么？	029
"嫌麻烦"的三个原因	031
回避型人格障碍的诊断标准	033
对于别人的批评和否定很敏感	036
害怕和别人发展成亲密关系	038
在亲密关系中依然无法袒露自己	041
过分在意别人的看法和评价	043
认为别人不会喜欢自己	044
妄自菲薄，觉得自己一无是处	046
对于实现目的和冒险参与新活动态度消极	047
分裂型人格	050
总是担心可能发生不好的事	054
不会主动寻求和别人交往	056
对于活着这件事没多大喜悦	057
回避亲密关系和性关系	059
对于争执或者无处可逃的环境会感到压力	061
病理的本质是避免受到伤害	064

村上春树表现出的回避倾向	067
和社交焦虑障碍的关系	069
和孤独症谱系障碍的关系	071

第三章
回避型人格和回避型依恋

婴儿时期不会嫌麻烦?	075
"嫌麻烦"的根源	078
支撑牵绊、守护生存的机制	080
回避型的生存策略	082
回避型人格与回避型依恋似是而非	084
回避型人格和恐惧/回避型依恋	086
回避纠纷的回避型,进退两难的回避	089
为什么会产生回避型依恋?	092
没有得到关爱的孩子	094
佛教的救赎是回避型策略?	097
成长环境的影响超过基因	100
他人令自己不悦的理由	103

和母亲关系疏离的后果　　　　　　105
过早的独立需要引起重视　　　　　　109
支配和强迫产生的另一种回避型　　　111

第四章

为什么会形成"不想受伤"的性格?

想逃离什么?　　　　　　　　　　　115
回避型人格的遗传因素和环境因素　　117
什么样的抚养方式会产生恐惧/回避型依恋?　119
否定性的抚养方式和羞耻的经历　　　121
在学校的经历或与朋友的关系也会有影响　124
被霸凌的后遗症　　　　　　　　　　125
因为情绪低落而无精打采的烦恼的女性　127
"反正我就是不行"的主观意识　　　130
向阳处的姐姐和背阴处的妹妹　　　　132
为什么无法忍受伤害?　　　　　　　136
慢性外伤综合征导致的回避倾向　　　138
被剥夺主体性的经历　　　　　　　　141

过于沉重的期待和被别人规划的人生　　143
在过度保护中长大的孩子容易逆来顺受　　145
顺从和放弃的背后是父母的控制　　147
森鸥外是怎样做的？　　148
拒绝成为成熟的大人　　151

第五章
回避倾向越来越强的现代人
——是适应还是进化？

环境会改变基因的作用　　155
爱家人还是爱自己，会产生不同的机制　　157
怎样的环境变化会导致回避型增加？　　160
适应个人主义的回避型　　162
经历的单一化和失去的主体性　　165
回避性和心理性的过敏　　167
无菌室化导致越来越多的人过敏　　169

第六章
怎样和有回避倾向的人顺利交往？

如果下属有回避倾向	173
如果上司有回避倾向	178
如果恋人有回避倾向	181
如果伴侣有回避倾向	184
如果孩子有回避倾向	186

第七章
让有回避倾向的人轻松的生活方式

有回避倾向的人适合哪些工作？	191
与嫌麻烦的人做互补的伴侣最合适	199
单相思更轻松？	201
勃拉姆斯型的单相思	202
同样是"回避"，差异却很大	204
星新一的例子	206
懒散的学生时期	210

小说处女作	212
立志成为公务员	214
经营公司的日子犹如身处地狱	216
变成另一个人般拥有自信的瞬间	218
终于找到适合自己的生活方式	222
比阿特丽克斯·波特的例子	224
《彼得兔的故事》和她的使命	227
在喜欢的领域获得认可非常重要	231

第八章
如何放下羞耻和恐惧自在地生活？

回避倾向是能够克服的	235
从一个电话开始	236
是什么改变了三十五岁的她？	238
掌握恢复关键的"安全基地"	241
自己做决定的重要性	244
比起树立远大的理想和目标，更重要的是把握眼前的机会	246

怎样摆脱十几年闭门不出的困境？	250
如何摆脱无精打采？	255
为了生活而工作	258
在工作中锻炼自己	261
西村由纪江的例子	263
尝试自己去做	266
尝试做小的改变	267
袒露真实的自己	269
对性的回避	273
解放自己	275
你已经不嫌麻烦了	282

结 语 283

第一章

生活就是一地鸡毛

第一章

不說出口一樣被言生

觉得和别人见面很麻烦

生活中的麻烦事数不胜数，特别是和人见面，这让很多人头疼。见面时过于紧张、总要看人脸色、对人太过用心——这些非但不会让对方感到舒服，反而会觉得困扰。

不仅不愿意和别人见面，而且连接电话都会嫌麻烦。明明一个电话就可以解决的事情却拖着迟迟不肯去做。

怕麻烦的人不愿意直接和对方交涉，总是找别人代办。很多人都是这样，小的时候找父母，结婚之后找配偶。

明明自己一个电话就可以说清楚，却非要让别人转述。因为有其他人介入，很简单的一件事成了传话游戏，常常很难有进展。即便如此怕麻烦的人还是不愿直接说，而是向中间人抱怨。夹在中间的人出力不讨好，根本无处说理。

有的人总是找别人帮忙，因此甚至失去了和人打交道的能力，结果就会愈发觉得生活麻烦。

不愿意和人接触有两种情况。一是对于人际交往不感兴趣，别人说得热火朝天，他们却永远一副事不关己的样子。对这一类型的人来说，和别人交往不值得高兴，没有任何好处，只会让他们疲惫不堪。

近年来，这样的人比以前多了，但是他们并没有得到社会认可，人们还是习惯用一般标准要求他们，希望他们和其他人一样"多与人交流"。如果他们的做法不符合这些要求，就会受到否定，甚至批评。

而站在他们的角度来看，就像以"牛奶营养丰富"为由强迫一个对牛奶过敏的人一定要喝下去一样，让人不胜烦恼。

二是有一些人觉得和人见面很麻烦，这一类型的人所占比例很大。他们愿意和别人适度接触，分享彼此的心情和感受，但是不能接触太多，如果超出他们的承受能力他们就会感到疲惫、烦躁。

很多人和别人见面会感到疲惫，是因为他们对对方太用心，也就是很担心对方觉得自己不好，害怕自己被对方讨厌、否定。反过来说，就是希望对方肯定自己，而不要不高兴、失望或者对自己做出负面评价。

也就是说，他们的最大特点是对于对方的评价非常敏感，这一点和第一种类型完全不同。第一种类型的人表现出的倾向是对别人漠不关心，对别人如何评价自己也毫不在意。而后一种类型的人非常在意对方的反应、对方是否对自己的话题感兴趣，一旦觉得别人对自己的话题不感兴趣，就不会继续说下去。

换个角度看，他们之所以会对对方的拒绝、否定而敏感，是因为自身缺乏自信，容易被别人的评价左右。他们认定那是别人否定自己、讨厌自己，因此和别人接触会感到不安和痛苦。

觉得努力很麻烦

对于任何事都嫌麻烦，要付出努力更是如此。在旁观者看来，有的人占尽天时地利人和，成功唾手可得，但这些人却不愿意去做。他们自己也很清楚只要坚持，情况会越来越好，机会也会越来越多，可就是不去做，放任事态恶化，直到无法收场。最后，他们觉得既然已经这样了，那就放弃吧。

有的人并不是抑郁状态，也不是没有能力，但就是什么都不想做，甚至不想迈出家门。别人已经为他做好了所有准备工作，他只要迈出第一步就好，但就是这一步都始终迈不出去，待着一动不动，不愿意努力。比如，别人安排好的走过场的面试、考试都不会去。

这种心理状态的一个特征就是"先占"观念，觉得肯定不行、绝不可能顺利。既然如此，索性一开始就什么都不做最好。这样的想法毫无依据，其实就是避免因做无用功而受到伤害的心理在作怪。

也有不少人努力过，却又渐渐消沉了。一旦陷入这种无精打采的状态，需要几年甚至十几年的时间恢复也不足为奇。

很多人就处于这种状态之中，什么都不做，也没有想做的事情。既然确定不了自己想做什么，干脆也就不动了——他们不想因为做不确定的事情而失败。

失败是成功之母的道理无法说服他们。实践中可以失败，而人生道路上每一次失败都会让他们受到伤害。对于面对任何事都觉得麻烦的人来说，最无法承受的就是受到伤害。

别人的期待也让他们觉得麻烦

很多人觉得努力很麻烦，对别人的期待也觉得麻烦。对有着积极进取心的人来说，周围人的表扬、称赞会让他们备受鼓舞，成为他们努力的动力。偶然取得一次好成绩，周围人的称赞会让他们很开心，更有劲头。比如，称赞一个弹钢琴的人才华横溢会让他很兴奋，他就愿意花更多的时间练习。

而如果是面对什么事情都嫌麻烦的人，表扬对他们来说也许是沉重的负担。得到表扬的时候也会高兴，但是想到如果下次不能取得好成绩对方会失望，就会感到有压力。对方对今后的交往很期待，他就会担心让对方失望而惴惴不安，想在没有让对方感到失望的时候逃离。

社会哲学家埃里克·霍弗因《狂热分子》《码头日记》[1]等风格独特的作品而闻名。他直到中年都因为觉得活着很麻烦而备受困扰。他被诊断为心因性失明，从七岁到十四岁这段时间他的眼睛看不见，他也几乎没有上学，靠打工从事体力劳动谋生，同时坚持读书自学知识。很多人被他的才华和人品所吸引，给予他很高的评价，并且愿意给他做引荐。而每次别人只要一流露出这样的想法，他就会马上从对方的视线中消失。

有一次，一个年轻美丽的女大学生发现了埃里克在物理和数学上的才华，让他在大学旁听。他便爱上了那个姑娘，但是害怕辜负对方的期望，又一声不响地逃走了。

后来，埃里克到餐馆打工，一个生物学教授发现他很有才华，请他翻译德语，和他探讨柠檬白斑病的成因。埃里克在短时间内迅速找到了原因，让教授大为震惊。教授让埃里克担任他的助手，还想让他成为一名正式的研究人员。教授的期望让他感到沉重的压力，不久他又逃走了。

---

[1] 《码头日记》为译者翻译书名。原版书名 Working and Thinking on the waterfront : A Journal, June 1958-May 1959，未在中国出版。——译者注

油瓶倒了都不扶

人们总觉得青年时期是人一生中最有朝气的时期,然而这个阶段也是最怕麻烦的时期。我母亲经常抱怨我太懒,油瓶倒了都不扶,这种倾向在青年时期似乎会变得更严重。

更小一些的孩子很勤快,到了十多岁开始就慢慢不爱动了。父母觉得他们不听话,总是能不动就不动。其实这是事出有因。

这就是儿科医生经常说的"直立性调节障碍"。很多孩子早上起床困难,蔫蔫的,没有精神。带他们去看儿科医生,医生就会做出上面的诊断。分别测量坐姿和站姿时的血压情况会发现,站着的时候血压会上升10毫米汞柱左右,而患有直立性调节障碍的人站立时血压会不升反降。为了保证流向大脑的血流正常,站起来的时候末梢血管会收缩,防止血液向下流动。而如果自主神经反应迟钝,跟不上姿势的变化,血液就会向下流动。有直立性调节障碍的孩子会有站起来头晕、早上起床困难、上午状态不佳容易疲劳等表现。

在学校的不愉快经历导致情绪低落而无法起床的情况，也会被诊断为直立性调节障碍。这个年龄段的孩子自主神经的发育没有跟上身高的增长，会有不同程度的直立性调节障碍，所以医生会这样诊断。抑郁、晚睡等导致身体没有苏醒都会使得直立性调节障碍加重。不过，这是单纯的伴随症状，并不是根本问题，对直立性调节障碍进行再多的治疗，问题也不会得到改善。

处于青年时期的人也会觉得缺乏朝气、做什么事情都嫌麻烦，一个原因就是身体虽然快速发育，自主神经等控制系统的发育却没有跟上。而三四十岁的人虽然体力和瞬间爆发力衰退却能胜任其工作，就是因为自主神经发达，更容易发挥出自身能力。

十几岁的时候不愿意站着而更愿意躺着，和这个生理原因也有一定关系。

长时间盯着屏幕看电子产品或者经常熬夜都会导致直立性调节障碍恶化，加上生物钟紊乱，白天就会一副无精打采的样子。

觉得上学很麻烦

"嫌麻烦"症状在学生群体身上的一个明显表现就是觉得上学麻烦。上学当然会有不愉快，首先就是早上必须早起。寒冷的冬天离开被窝需要勇气，炎热的夏天也一样，低血压的人夏天血压会更低，更容易疲惫，就算醒了，爬起来也是很痛苦的一件事，就是不想动。现代人整天盯着屏幕看电子产品，这样的生活方式很容易让人变成"夜猫子"，如果不够自律，早上起床会很困难。

但是很多人嫌上学麻烦的真正原因不在于早上起不来，而多是因为在学校感到精神疲惫不堪，却无法得到相应的回报，雪上加霜，才出现这样的情况。

早上起床虽然很痛苦，但无论大人还是孩子，如果做自己喜欢的事情，一定能按时起床。比如，高中生早上起床困难，九点十点司空见惯，搞不好还要躺到中午十二点。上学经常迟到，甚至还会缺席。而如果哪天要去钓鱼，早早就能起床出门，因为做的是自己喜欢的事情。上学和打工都是经常要做的事情，上学的时候怎么都起不来，打工却能早上准时起床出门。

这种情况大多是因为抵触上学，在学校受过挫折或者伤害，对学校产生了心理排斥反应。有的时候，虽然没有受到挫折或者伤害等明确的原因也会产生这种心理排斥反应，就像没有诱因的花粉过敏会发展成尘螨过敏一样，不断接触的过程中有时会发展成过敏反应。而且一旦发生过敏，想要恢复就不容易了。

井上靖因《斗牛》《冰壁》《敦煌》等作品闻名于世。从他的《幼年时光·青春放浪》我们得知，他也有过不愿意上学的经历。井上先生讨厌学校应该与初中时被霸凌，以及和老师发生过冲突等不愉快的经历有关吧。

直到初中的时候，井上先生的成绩都很优异。他出身于医学世家，家人希望他也成为一名医生。他却逐渐意识到自己并不擅长理工类科目，内心产生了挫败感。对他来说，最不幸的是尽管理工科成绩不好，上高中时还是不得不遵从父母的意愿选择了理工科，进入他擅长的文科系继续学习成了奢望。

　　因为成绩不佳，他渐渐放弃了学业，特别是在上大学之后。他的学籍在九州大学法文学部，他却在东京生活，几乎不去上学。两年后，他重新考入京都大学哲学系，搬到了京都居住。"在东京的时候已经养成了惰性，只去过两三次学校，此后除了去食堂，几乎没去过学校。"（《幼年时光·青春放浪》）。他甚至没有见过和他同一个系的指挥家朝比奈隆。

　　巧的是，那个时候他也住在我大学时期居住的吉田山。虽然不是一个时代，但是他当时的生活应该也和我的相差无几吧。井上先生提交毕业论文晚了一年，当时他已经快三十岁了。"无论做什么我都嫌麻烦，当时的我甚至打算肄业。"（《幼年时光·青春放浪》）妻子发电报通知了他提交毕业论文的截止日期，哭着说希望他今年无论如何也要毕业，他这才勉强完成了论文。

做决定很麻烦

青年时期必须要决定将来做什么,规划好人生的方向。而对每件事都觉得麻烦的人来说,做决定更是麻烦。

有的事情虽然不那么重要,但是很麻烦,做决定也会让他们感到沉重的压力。穿哪件衣服、如何安排日程,一到需要做决定的时候他们就会犹豫不决。做决定要保证不失败,又需要精力和时间,所以他们会回避做决定,尽量拖延时间。

无论是生活还是工作,不做决定就无法有进展,就像性能优越的电脑处于待机状态一样停滞不前。

有的人自己做不了决定,需要父母、配偶等类似经纪人的角色帮他们做决定、安排。身边的人也很清楚把事情交给他们会耽误事,所以会早做打算。

但是,如果总是让别人帮自己做决定,则永远无法培养出自己做决定的能力。

有些人更可悲，自己做不了决定，也没有人帮忙。人生总是处于待机状态，只能放弃做决定，装作不在意的样子。

很多人面对的问题堆积如山，却沉迷于眼前的享乐和消遣，就是在回避做决定。

我上了十年大学，刚进入医学系的时候，想得最多的就是可以往后拖六年再做毕业的决定了。

作家威廉·萨默塞特·毛姆因《人性的枷锁》《月亮和六便士》等作品而闻名。他进入医学系的时候也和我有一样的想法。毛姆很小就失去了父母，由伯父抚养。伯父是一个牧师，非常严厉，看到侄子总是游手好闲和一群艺术工作者混在一起，不愿意再给他寄生活费。毛姆妥协了，选择进入医学院，这得到了伯父的认可，他得以拖延几年再做选择。最后，毛姆从医学院毕业，却没有做医生，而是成了一名作家。

进入社会很麻烦

对于有回避型人格障碍的人来说,最大的一个"麻烦"就是进入社会,也就是面对就业问题。

为什么进入社会工作很麻烦呢?

当然,前面谈到的要素在这个问题中也存在。进入社会后要和形形色色的人打交道,有的人性格古怪,有的人很强势,刚刚步入社会的年轻人地位最低,事无巨细,都必须考虑周全,自然会感到疲惫。如果是性格特别敏感的人,或者和别人打交道就紧张,这个问题就足以让人感到有很大的压力。

而且,领工资就意味着要承担责任,拿出业绩。学习不努力,考试成绩会下降,自己承担后果即可。在工作中出问题的话,就不仅仅是自己一个人受影响了,顾客会受影响,所在部门和公司也会受影响,有时候也不得不因为自己的错误向别人低头道歉,给他们带来麻烦,也许还会让公司蒙受重大损失。

我的弟弟学习水力发电专业,现在做相关检查工作,具体工作内容是检查电路是否按设计连接、发电机等装置是否按照既定设计运行，有无异常等。如果电路异常时通高压电，可能会导致零件损坏或者发生事故，这个工作责任很大。

他说自己刚工作的时候出现过很多次失误，甚至发生过明明确认无误但是接通电源的瞬间零件却损坏的情况。每一个零件都很大，而且价格惊人，有的价值几千万元甚至几亿元，却瞬间就烧焦了。这样让人心惊胆战的情况发生过好几次。好在经过不断积累经验，我弟弟如今终于能够胜任这份工作了。

如果知道自己的失误会造成几千万元甚至几亿元的损失，很少有人能淡定吧，有人会因为害怕失败而无法继续工作。工作是很残酷的，长时间的加班也很正常，也不能拖拖拉拉。和我弟弟同期进公司的员工，十个人中只剩下了一个人。进入社会后承受的压力与在学校的时候的压力不可同日而语。

应该有很多人希望不工作就能生活，必须要工作的话，也想尽量往后拖延。前面提到的井上靖似乎就是这样的心态，对于从九州大学退学又考入京都大学他是这样回忆的："没有特别想学的东西，京都这片土地有独特的魅力，自己也可以继续啃老，拖延三年再进入社会，这些都很吸引我。"（《幼年时光·青春放浪》）

谈恋爱也很麻烦

2015年，日本Recruit Bridal总研[1]的问卷调查《恋爱·相亲·结婚调查2015》的结果显示，在二十岁至三十岁的单身男性中，41.9%的人回答目前没有女朋友，而且从来没有和异性交往过。另外，因为CNN的新闻而成为热门话题的厚生劳动省的调查（平成二十六年度）《关于婚姻·家庭形成意识调查》报告书中指出：在二十岁至三十岁还没有交往对象的年轻人中，大约有四成的年轻人回答不想恋爱，其中有接近半数的人是因为觉得恋爱太麻烦。第十四次出生动向基本调查的结果显示：在三十岁至四十岁的未婚男女中，每四人中就有一人没有性经历。

---

[1] 是日本一个针对婚姻和家庭相关领域进行调查研究的机构。——译者注

"食草系"这个词大家已经很熟悉了。甚至在生殖能力更强的年龄段，对于和异性交往或保持性关系不太积极的人也开始有了不小的占比。

总研社的调查结果表明，没有恋人的人告白次数更少。即使枪法差，多打几枪也是能打中的，可是连打都不打又何谈打中呢？什么事情都嫌麻烦的人容易和恋爱绝缘。

根据该社之前的调查，谈过恋爱的人比起想谈而没谈过的人更愿意接近异性。结果就是没有恋爱经历的人增加了，觉得主动追求对方这件事是麻烦的人也增加了。

也许有人性欲低下，而更多的人应该还是有兴趣和需求的，只是一想到不愉快的经历以及觉得此事麻烦就会望而却步。

此外，该调查还指出：无性夫妻的人数也在增加。

而另一方面，以互联网为媒介的性产业方兴未艾。有不少人不愿意和现实中的恋人或者伴侣发生关系，反而觉得在网上的偷窥屋或者视频网站解决性需求更方便。比起直接的关系，越来越多的人觉得隔着屏幕或者通过网络的关系更让人安心。

结婚生子也很麻烦

换个角度来看,年轻人结婚越来越晚,也是因为人们开始嫌结婚麻烦了。

近二十年间,日本人的平均结婚年龄上升了三到四岁,不结婚的人的比例大有翻倍的趋势。这种倾向不仅仅出现在日本,也出现在出生率较高的美国。美国人口调查局的数据显示,在1970年,四十岁至四十四岁的男性中没有结过婚的人所占的比例仅为4.9%。而到了2010年,该比例上升到20.4%,占比是原来的四倍多。这个年龄段的未婚女性的比例也从原来的6.3%上升到13.8%。

很多人提出日本人"不婚化"主要是因为经济,但是孟加拉国、尼泊尔等国人均GDP不足日本的1/10,很多人的生活水平甚至在贫困线以下,但他们依然保持着很高的结婚率,显然只用经济原因无法解释人们为何不婚。

暂且不谈经济原因。

很多人都会觉得结婚是很麻烦的一件事。我们身边就不乏这样的情侣，交往了多年却不结婚。很多人想结婚稳定下来，对方却提不起劲头，拖拖拉拉几年就过去了。

他们聊天时聊到感兴趣的话题就非常起劲儿，一提到结婚生孩子，马上就觉得头疼不愿意继续聊下去，这样的情况很常见。

有的人希望和所爱的人建立家庭，养育子女，但看到对方这样的反应会不知所措，甚至会感到不安，怀疑对方是否真的爱自己。

"不用那么着急吧""现在我还有更重要的事情要做""经济条件不允许"——他们会摆出种种理由。如果几年下来还是如此，对方就会觉得这些都只是借口，自己必须做出选择，是继续稀里糊涂得过且过，还是分手寻找新的伴侣。有些女性在等待的过程中甚至错过了最佳生育年龄。

而站在当事人的角度来看，结婚就要被家庭束缚，像背上沉重的行李，甚至像被活埋，让人本能地感到恐惧。

有了孩子之后责任就更重了，足以把人压垮。他们觉得自己还没长大，根本无法想象如何养育孩子。

最让人难以忍受的就是孩子会哭起来没完，又不能和孩子讲道理，让人崩溃。

求人很麻烦

在社会上生存的一项重要技能就是向别人求助。而对于所有事情都觉得麻烦的人来说，求人更是麻烦，甚至比自己做更麻烦。

要拜托别人、和别人商量，就必须和别人见面交谈，这是第一个麻烦。甚至还要暴露自己的弱点，说出隐情，这些也都是麻烦。

他们断定别人不会帮助自己，即使愿意忍受对方的冷脸也会被不留情面地拒绝。既然如此，索性一开始就不要求人。

对于很多无家可归者来说，找别人商量如何办理福利手续是非常麻烦的，与其这样还不如继续流浪。一般人也许无法理解这种想法，而对于他们来说，求人、和别人商量就是如此麻烦，让人难以接受。

很多人也觉得流浪很不方便，但是越重要的事情越不愿意和别人商量。担心对方会不耐烦，害怕不体面的隐情被别人知道而丢脸，所以宁可自己想办法，而这样的想法往往会导致事态继续恶化。

活着很麻烦

对某些人来说,任何事情都很麻烦,这个世界到处都是麻烦。比起喜悦、快乐,活着的不安和麻烦更多。如果完成一件事必须要靠别人的好心和善意,他们会感到焦虑不安,担心即使对方愿意倾听自己的想法,也不一定真的愿意帮助自己。而如果对方爽约或者所作所为对自己不利,又会让人痛苦不堪,只能抱怨自己倒霉,诸事不顺。

他们总是担心会遇到不好的事情,或者害怕到最后前功尽弃。

对他们来说,活着不是快乐的事情,反而是一场不愉快的苦役——他们要全力忍受痛苦、解决麻烦、逃离危险。

而死亡也许更让人恐惧、难过、痛苦,因为不想死,无奈只能消极地活着。有时为了忘记这些无意义感和不安感,我们会采取麻痹神经的行为以逃避现实。

本该很愉快的事情反而让他们觉得是麻烦、负担，甚至希望可以逃避。很小的责任和负担也会让他们感到沉重的压力，想要不顾一切全部抛下，遇到麻烦会转过身去视而不见。其实有时候内心也想尝试一下，却始终无法迈出第一步。明明是前途光明的年轻人，却像时日无多的老人一样保守谨慎。

　　越来越多的人表现出这样的倾向，不上学、不上班，常年闭门不出、不结婚不恋爱的年轻人和无性伴侣的人数不断增加。原因是多方面的，无法简单地下结论，但是一定有觉得接触社会、承担责任是负担，无论做什么事情都嫌麻烦，想从中逃离等方面的因素，这样说应该很多人都会认同。

　　这些嫌麻烦的人的内心到底发生了什么呢？

第二章

回避型人格障碍是什么？

第二章

回復期人格特質與行為

"嫌麻烦"的根本问题是什么？

第一章中谈到，几乎所有的事情都会有人嫌麻烦，有的事情甚至会让他们感到是无法承受的负担，觉得人间不值得，不会嫌麻烦的人是无法理解的。

如果嫌麻烦的人是少数，也许还可以说是他们自己的问题，但是被"嫌麻烦"的状态控制的人可能已经达到几十万、几百万，甚至几千万，这就无法简单地将原因归结为他们懒惰或者缺乏干劲儿了。

这种"嫌麻烦"的状态有没有可能是精神医学上所说的抑郁状态呢？和处于这种状态的人实际接触就会知道，虽然他们会有不想上学、不想工作、情绪消沉、吃不下睡不着的情况，但是"嫌麻烦"的倾向在这些情况出现之前就已经开始了，"嫌麻烦"的情况先于抑郁状态出现。回避麻烦的行为导致事态恶化，最后走投无路发展到抑郁状态。这样的发展更接近现实情况。

容易罹患抑郁症的典型性格是犹豫亲和型，他们认真、诚实、责任感强、不会偷懒，和动辄就"嫌麻烦"的人形成鲜明对比。另外，间歇性抑郁症虽然是循环性格，但是很多人原本开朗、活泼、喜欢社交，这种性格的人和常年"嫌麻烦"的人有着本质的不同。

把问题定性为"抑郁"，就像是捕风捉影，并不准确。

那么，并非抑郁状态却"嫌麻烦"的人，到底发生了什么呢？还要重视一个问题——这种状态是长期持续的。

"嫌麻烦"的三个原因

"嫌麻烦",很容易想到是受以下三方面的影响。

一种倾向是期待完美而理想的自己,有璀璨的人生。如果事与愿违,自己并不完美,生活也很平凡,就会觉得人生不值得。被完美主义的理想所束缚,不满足自己只是一个普通人,这种倾向被称为"自恋型"。也就是说,如果太自恋,当现实不如意的时候,就会觉得所有的一切都毫无意义,而且很麻烦,甚至丝毫不介意自己的能力和才华不能得到发挥,甘愿碌碌无为。这种人要求太高,不甘于平庸,如果不能活得灿烂,就会"嫌麻烦"。

另一种倾向是无法从自我存在中找到意义和价值,陷入空虚和绝望。否定自己,觉得没有人爱自己,会有自我毁灭的行为,这种倾向被称为"境界型"。如果一个人处于境界型太强的状态,即使有能力、有机会,并且获得了成功,也无法消除空虚感和生存的违和感,会觉得所有的事情都很麻烦，想抛下一切。

"自恋型"和"境界型"都是非常普遍的问题，此外还有一种类型也在激增。他们有想要摆脱生存伴随的痛苦和麻烦的倾向。

再一种倾向是，从根本上来说，"嫌麻烦"心理的根本原因是病理问题。想摆脱人世间的烦恼，逃避现实问题，这种倾向被称为"回避型"。对于"自恋型"和"境界型"的论述已经很多了，而对于"回避型"很多人可能还不太了解。

有人觉得活着很麻烦，虽然也不至于走投无路想要寻死，却并不珍惜仅有一次的宝贵人生，好像生下来就是等死，这样的人越来越多。和这种状态渊源很深的就是"回避型"问题。本书中主要讨论的就是回避倾向很强的"回避型人格障碍"这种状态。

有回避型人格障碍的人没有自信，或者总担心别人愚弄自己，他们的特点是希望避免和社会接触以及和别人建立亲密关系。

回避型人格障碍的诊断标准

美国精神医学会2013年制定的DSM-5诊断标准基本沿用了之前的DSM-Ⅳ诊断标准。后面我会谈到，新的诊断标准也是作为替代方案被提出的，并没有经过充分推敲，还不成熟。所以，我们首先还是根据以往被应用得更广泛的标准来进行说明，在此基础上看一下新提出的试行方案。

后文列出了DSM-Ⅳ以及DSM-5中回避型人格障碍的诊断标准，确诊要素是七项诊断项目中满足四项，并且满足人格障碍的诊断标准。

人格障碍的诊断标准为：①本人的认知、感知、人际关系的处理、行为模式（这些称为"人格类型"）是否异常偏离自己所属的文化；②人格类型缺乏灵活性，不仅在个人生活中如此，还全面渗透到社会生活中；③实际生活中会产生明显的不便和痛苦；④青年时期及成年早期开始并持续；

⑤其他受精神疾病、药物、身体疾病等因素的影响无法解释的东西。

DSM这样的操作性诊断标准存在问题，有四项以上符合就可诊断为"障碍"，而如果只有三项符合，就会被视为"正常"，处理比较机械，存在局限性。三项和四项差别很小，以此区分正常或者障碍不够严谨，所以不适合用来区分障碍或者正常，更应该理解为具有某种倾向或者特征的状态。在本书中，后面除了指重度状态的情况，不采用"回避型人格障碍"的说法，而采用"回避型人格""回避倾向"等用语，这包含了接近正常的水平和障碍比较严重的水平。

诊断标准

对于社会抑制能力不足以及对否定性评价过度敏感，会有很多表现形式，在成年早期之前开始，在种种状况中越来越明显。表现为以下项目中的四项（或以上）。

1. 因为害怕批评、否定或拒绝而回避人际接触较多的职业。
2. 如果无法确定别人喜欢自己，就不愿意与人打交道。
3. 因为害羞或担心被嘲笑而在亲密关系中表现拘谨。

4.具有在社交场合被批评或被拒绝的先占观念。

5.因为能力不足感而在新的人际关系中受抑制。

6.觉得自己不擅长社交,没有优点,低人一等。

7.因为一些情况也许会让人窘迫,所以很不情愿冒险尝试任何新的活动。

(摘自日本精神神经学会监修,高桥三郎等译《DSM-5精神障碍诊断与统计手册(2014)》)

我们根据诊断标准的各个项目来了解一下回避型人格的特征,说明过程中会涉及DSM-Ⅳ诊断标准,也加入了新的试行方案,是DSM-5诊断标准中关于整理、改良的部分,希望能让读者更容易把握对回避型人格的整体印象。

对于别人的批评和否定很敏感

对于别人的批评和否定很敏感的人，第一个特征就是在人际交往中很容易受到伤害，特别是对于别人的拒绝或否定极度敏感，总是很在意，一点点风吹草动就会让他们变得神经兮兮，情绪低落、消沉。即使对方只是开玩笑，并没有恶意，他们也会觉得自己被嘲笑，受到很深的伤害。

可以说这正是有回避倾向的人想要避免人际交往和社交的最大原因。

敏感是因为两个矛盾的想法同时存在：希望得到别人认可、好评，同时又没有自信，担心别人否定自己。

对此一个男性是这样总结的：自尊心很强，但是没有自信。

有回避倾向的人会避免暴露自己内心的真实想法，只愿意寒暄客套，不想提及实质问题，也不想谈及自己的弱点和困难。有这样倾向的人也是因为对于别人的否定或拒绝敏感，而阻止自己示弱。

但是不能仅仅根据容易受到伤害而逃避就确认是回避型人格障碍，是否回避参加社交活动才是区分是不是回避型人格障碍的关键。这种情况下需要关注的问题在诊断标准中列出了——比如，是否不想从事人际接触较多、跟顾客打交道的职业。

如果想尽量回避接待客人、接电话，或者尽量回避从事此类业务较多的工作等，就可以判断为符合回避型人格障碍的特点。

害怕和别人发展成亲密关系

担心被别人拒绝或者嘲笑的心理会带来回避倾向的另一个重要特征,就是害怕和别人发展成亲密关系。

和别人建立亲密关系需要坦诚相待,我们很难对于不想袒露自己内心真实想法的人产生亲密的感觉。有回避倾向的人对于别人怎样看自己很不安,不愿意谈自己的内心或者以往的经历,由此会让对方感觉疏离。很多人面对别人的善意也会不知所措、感到不安,从而反应冷淡。而对方会觉得自己的善意和关心被无视,甚至被拒绝,只能悻悻离开。

有回避倾向的人意识不到这方面的问题,是因为自己拒人千里,而只看到对方离开的结果,会觉得别人果然不关心自己这样的人而转身就走,证实了自己的判断是对的。

有回避倾向的人也不完全拒绝社交或者恋爱、结婚。虽然一开始的时候很胆怯,其实他们也想和别人建立关系。如果解决了这个问题,也可以与人亲密接触、推心置腹。因此，踏出第一步是重要的关卡。

那么在怎样的情况下，有回避倾向的人能够拥有亲密关系呢？就是对方明确对他们表示出关心和善意，而且很有耐心，锲而不舍。只有感受到明确的关心和善意，知道对方也热切期望自己的关注，确定自己不会被拒绝、不会被对方取笑自作多情，他们才会有回应的行动。这一点也被作为有回避倾向的诊断标准的一项。

所以，想要得到有回避倾向的人的好感，首先要有热情和耐心，被拒绝也不气馁。刚开始的时候即使对方反应冷淡也不要灰心，坚持下去，总会得到回应。

在恋爱、结婚的问题上，有回避倾向的人很少主动接近对方并发展到结婚。按兵不动、期待对方先开口，是他们的基本策略。而且，有时候对方告白一次两次也不能让他们吐露心声，需要锲而不舍。

有回避倾向的人谈恋爱的时候会花很多时间博弈，彼此之间很多时候分不出胜负，虽然被别人抛弃受到伤害的风险很小，但是恋爱修成正果的机会也很有限。

有的人很幸运，有中间人助攻，告诉他/她对方也对其有好感，这样他/她才会放心，接受对方的告白并与之交往。

而当完全不感兴趣的人接近自己时,他们的第一反应是不知所措、排斥。但是很显然,这种情况不用害怕自己被拒绝。如果对方不在意面子,总是不请自来,单方面示好,为了不伤害对方,保持距离的策略就会失去意义,拒绝也变得更麻烦,有的人就会在不知不觉中接受对方。

很多这一类型的人对于主动派异性的接近会不知不觉地接受,等意识到问题的时候双方已经在一起了。

《美女与野兽》的故事中,野兽觉得自己很丑,没有人会爱自己,把自己关在房子里孤单度日。野兽没有自信、遁世,和回避型人格障碍的人的生活方式很像。

一个不谙世事的可怜少女在这里迷路了。这个美丽的闯入者打破了野兽闭门不出、拒绝人际交往的回避策略,不知不觉间少女走进了野兽的心里。

在亲密关系中依然无法袒露自己

对于有回避倾向的人来说，建立亲密关系的门槛很高。而一旦双方关系变得亲密，也可以和对方交往，谈恋爱，组建家庭，养育子女。不过，在这些过程中也不是完全没有障碍和困难。

因为不善交际，会觉得交际是负担，对于和邻居、亲属交往容易表现消极，很多人成为妈妈之后对于和其他妈妈交往也会感到头疼。

不仅在这些关系中如此，而且在本应更让人安心的好友、恋人、伴侣等关系中也容易疏离。有回避倾向的人经常会压抑自己，不愿意说出真实的想法。因为担心和对方想法相左而让自己不快，总是会放弃自己的主张，觉得自己的想法、感受毫无意义，不值得说给对方听，很多时候话到嘴边还是忍住不说。总是顾虑重重地把话憋在心里会让人无法承受，当这些发展为身心疾病后才会意识到自己忍耐过度了。

很多人面对多年好友也不会说出自己的窘况或心里话。有人担心说出来会让对方厌烦,也有人觉得说了对方也不会理解,索性不说。由此,回避沟通很多时候会让人感觉疏远,从而产生不满。

有回避倾向的人甚至面对恋人和配偶的时候也是如此,重要的事情更难以说出口。他们独自承受烦恼,表面却装出若无其事的样子。觉得说出来会让对方难以接受,自己也难堪,所以就会回避。为了不让事情变得糟糕,要回避直接面对的问题。

为了隐藏自己,有回避倾向的人一般有着很强烈的羞耻心。这一类型的人认为自己的存在就是可耻的,这样的自己不配得到别人的爱,不配被别人接受。因为羞耻心很强,对于袒露自己的身体和内心很抗拒,觉得自己的外在和内心都有缺陷,没有价值,感到非常可耻,没有人会在意自己。

这是有回避倾向的人不喜欢袒露身体的主要原因。即使身材和容貌比一般人出色,他们还是会很抗拒穿泳衣、露出皮肤。而性行为要一丝不挂,连隐私部位都暴露在对方面前,甚至还要被直接触摸,可想而知他们的抵触会有多强烈。

过分在意别人的看法和评价

这个内容前面也谈过，有回避倾向的人对于别人的批评和否定极度敏感，至少会担心别人是不是会觉得自己不好，讨厌自己、拒绝自己。即使是无足轻重的小事他们也非常在意别人的看法，不得不面对别人的时候脑子里只有这一个问题，和别人见面的时候一直在想对方会怎样看自己，事后还会逐字逐句回忆自己说过的话和对方的反应，反复多次，想哪句话不该说，对方会不会觉得自己不正常。

有回避倾向的人害怕和别人见面的主要原因是怕生，一见面就紧张，话都说不好，事后也会继续回忆当时的情景，导致情绪不稳定，疲惫不堪。总之，对于他们来说，和别人见面，从事前的心理准备到事后的影响，都很重要，其他人是无法想象的。

在DSM-Ⅳ之后的诊断标准中，很重视容易被别人的评价所左右的部分，它在替代方案DSM-5中被归纳为"对于别人的批评和拒绝敏感"。

认为别人不会喜欢自己

有些人其实沟通能力并不差，但很多时候还是会因为人际关系而苦恼，缺乏自信，觉得自己无法和对方顺利交往。他们的依据就是认定别人不会喜欢自己。

前文谈到的井上靖回顾自己在报社工作的时候说："我很固执地相信自己绝对不会带给别人快乐，所以请求别人帮助的时候，对方还没开口我就觉得他会拒绝。"（出自《我的自我形成史》一文，收录于《幼年时光·青春放浪》）

作为一个记者，井上靖要见很多人，有人很喜欢他，但是他对于自己的人际交往能力依然评价很低。

相反，如果是其他类型的人，比如自恋型人格，即使双方的交流明显有问题，他也不会觉得是自己的原因。有的人觉得自己能说会道，擅长交际，甚至会认为自己单方面说就是交流。在这一点上，如果一个人觉得自己不擅长交际，而实际情况并没有那么严重，我们就认为可能是有回避倾向。

回避倾向很容易和孤独症谱系障碍混淆。孤独症谱系障碍是指发育有问题的一种状态，特征包括相互沟通和情绪交流困难、刻板的行为模式、兴趣狭窄、感知觉异常等，在人际交往时容易产生障碍这一点上，有时和回避型人格特点会有重合的情况。

但是有孤独症谱系障碍的人中也有不是回避倾向类型的，而是有自恋较强的情况或其他类型。有不少人不是孤独症谱系障碍，而是后天原因导致回避倾向严重。孤独症谱系障碍便是形成回避型人格的一个原因，但没有回避型人格严重。

诊断标准的第五条"因为能力不足感而在新的人际关系中受抑制"，这一项和后面要谈到的社会适应不良、强烈的劣等感等对于自我的评价过低是同语反复，在DSM-5试行方案中没有与之对应的内容。

妄自菲薄，觉得自己一无是处

回避型人格的人最大特点就是非常自卑。他们无论有多少优点、取得了多好的成绩，依然觉得自己很无能、没有魅力，是一个有缺陷的人。他们对此深信不疑，取得再大的成功、被再多的人认可、得到再多的爱，自卑的症状也不会减轻。更有甚者，如果运气不太好或者遭遇过挫折的话，自信心会受到打击，导致这样的想法更强，变得坚不可摧。尤其应该注意有回避倾向的重要表现是低估自己的实际价值，过于谦卑。也就是说，他们不仅在逆境中会低估自己的能力，而且在顺境中也是如此，甚至会怀疑自己的成功。即使是一般人都会有自信的情况下，他们也会觉得自己不行，无端被劣等感折磨。

这一点对于弄清楚回避倾向是否达到障碍水平、作为是否恢复的指标都很重要。被劣等感控制、不尊重事实、妄自菲薄等倾向都会随之恢复或减轻，不再过分地贬低自己。

对于实现目的和冒险参与新活动态度消极

有回避倾向的人的行动方向也很有特点。一般来说人们会以略高于现状的水平为目标，比如现在英语考试只能得50分，大部分人就会以60分或者70分为目标，并为此而努力。目标高于现状才有意义。

这一常识并不适用于有回避倾向的人，他们设定的目标会低于现状，如果现在有五成实力，会觉得正式考试的时候取得四成的成绩就可以了。他们不会对今后的发展做出乐观的预期，总是考虑负面因素，比如考试当天自己可能会因为紧张而无法发挥出真正水平，可能会遇到自己不会的题而不及格，所以设定目标的时候会过于谨慎。

这样一来目标就失去了原本的意义。

有一个男生很精通电脑，也具备一定的编程知识。但是他对自己评价很苛刻，上大学选课的时候，觉得和更懂编程的人比起来自己对于电脑简直一无所知。因为对自己评价过低,他最后没有选择适合具备电脑和编程基础知识的人的高级课程,而是选择了面向初学者的基础课程。

结果上课的时候他发现基础课程的内容对于自己来说过于简单,都是他会的,甚至高级课程他也游刃有余,他就这样毫无意义地在基础课程上浪费了两年时间。他本人对于这件事情虽然觉得有些遗憾,但是自己过得很轻松,所以也不错。

一个人参加了三次模拟考试,第一次成绩是A,后两次分别是B和C。稍有自信的人都会觉得没有问题。而如果是有回避倾向的人,会盯住最差的C,得了C就说明有一半的可能性会不及格,与其冒这样的风险,不如报考要求低一点的学校,以确保可以考上。

有回避倾向的人,即使异性明确表示对自己有好感,自己也接受了对方的心意和他/她约会,还是会担心丢人。自己喜欢的对象提出交往,首先想到的不是恋爱的快乐,而是担心进展不顺利怎么办、被对方嫌弃怎么办,总是想着可能会遇到困难、失败或者烦恼,顾虑重重,觉得与其以后被对方讨厌,不如不要开始。

有回避倾向的人过于谨慎,很容易让人生的道路越走越窄。他们想要避免风险，而挑战是有失败风险的，所以更倾向于以维持现状为宗旨，不愿意冒险。

关于导致他们采取消极策略的主要原因，DSM-Ⅳ之后的诊断标准更重视他们恐惧因为失败而丢人。而在实际情况中，比起担心丢人，更多的是对于失败就会受到伤害、更难的挑战会导致负担增加而产生的戒备感。

所以，在新提出的替代方案DSM-5中，没有强调因为害怕丢人而感到不安的问题，而更重视对于达成目的所需要的努力和风险而回避参与新活动。

分裂型人格

我们谈了DSM-5替代方案的部分内容，根据DSM-Ⅳ之后的诊断标准，了解了回避型人格的特征。在DSM-5替代方案中还有其他变化，也有必要谈一下。一个明显变化就是在DSM-5替代方案中，分裂型人格障碍的诊断范畴没有了，它的一部分被并入了回避型人格障碍。也就是说，在新提出的诊断标准中，与其说适用范围扩大，不如说如果不在某种程度上满足分裂型人格障碍的标准就达不到确诊程度。从这个意义上来说，确诊的门槛提高了。

有分裂型人格障碍的人很少从与人交往中得到喜悦和快乐，他们更喜欢独来独往，这与回避倾向的特点有着本质的不同。有回避倾向的人期待亲密关系，只是因为害怕被拒绝而无法接近别人。但是这种类型在DSM-5替代方案中一般都被纳入回避倾向，只看外在表现很难分清楚这两者，而且很多时候本人也不清楚是否需要亲密关系。不少人觉得没有必要特意将两者区分开。

现在[1]，DSM-5还没有正式成为新的诊断标准，而只是作为替代方案，对于这个替代方案还有很多争议，很多人觉得采用以往的分类即可。

除了分裂型人格障碍，替代方案中没有讲过的地方也有诊断标准发生了变化。我们来看一下有哪些重要变化。

在DSM-5替代方案中，划分了人格的功能特征和病理特征，关于回避型人格障碍列出了以下特征：

（1）功能特征

①自卑，有强烈的羞耻感，认为自己不适应社会、没有吸引力、低人一等。

②对于冒险参与新活动态度消极，行为的标准过于慎重。

③害怕被别人拒绝、批评、否定。

④如果无法确定自己不会被拒绝就不会和别人交往。

---

[1] 指2016年。——译者注

这四项是功能特征，沿用了DSM-Ⅳ之后的诊断标准中的内容。符合其中两项就可以作为确诊回避型人格障碍的条件。

另一个大的变化就是病理特征。

（2）病理特征

①敏感：和人交往过于拘谨，对过去不愉快的经历耿耿于怀，对将来发生坏事的可能性过于担心，容易紧张、神经质、恐慌。

②行为退缩：在社交场合总是沉默寡言，不想与人接触，不愿意主动建立人际关系。

③无快感症：从人生经历中得到的乐趣很少，不愿意参加此类活动。缺乏关注事物、感知快乐的能力。

④对于亲密关系的回避：回避亲密关系、恋爱、对别人的依恋、性关系等。

以往的诊断标准中没有这些项目，其中①、②、④是伴随回避的病理问题。问题是③，无快感症以前被认为是分裂型人格障碍的特征，而不是回避型人格障碍的特征。

对于在人际交往中感受不到快乐的人，也许他们根本就没有需求；或者虽然有需求，但是精神疲劳和不安感过于强烈，让他们不能安心与人交往。可以说，最终能否建立亲密关系是诊断有无回避型人格障碍最重要的区别。而前面讲过，在DSM-5替代方案中把两者相提并论，关于这一点也存在很多争议。

这四项中①是必需的，其他三项需要满足两项以上，即使不符合③也能基本确诊。但是，今后可能会进行一定的修正。详细看一下后文各项。

总是担心可能发生不好的事

替代方案中提出了回避型的中心病理：过于操心、总考虑负面因素、不安感太强烈等。在替代方案中，把这几个特征作为必需的条件。

这里也存在争议。因为回避倾向的类型中有不少善于回避问题、保护自己免受不安和担心影响的案例，如果客气地询问他们有没有困难、会不会担心，可能一般人都会回答"没有""没问题"。

但是如果能更深入了解他们的内心，就会发现他们因为太过不安和担心而无法进行正常行动，能达到目前这个程度已经实属不易。如果只在字面上理解回避型人格的诊断标准，真正意义上最回避的人就不符合了。

从这个意义上说，对于这一项，比起外在的行为和反应，我们更应该理解其背后的病理。在研究对有回避倾向的人的行为有影响的病理时，这是非常重要的特征。

前面也提及了"对于冒险参与新活动态度消极"一项，有回避倾向的人会更多考虑不好的可能性而非好的可能性。自己总觉得反正最后也不会有好结果，非常担心，看问题很悲观。这就会导致恶性循环，让人越来越不安。他们意识不到自己总是刻意往不好的方面想问题，而是觉得既然有不好的可能，当然要担心。如果往好的方面预测，积极地考虑问题，事情不顺利的时候反而会受到更大的伤害。

这些人之所以考虑问题总是很消极，是因为他们提前考虑到最糟的情况，当这种情况真的发生时也就不会失望了。也就是说，希望能够避免将来受到伤害的想法导致他们养成了消极思考的习惯。

长此以往，会让人变得更不安、丧失自信，对人产生负面影响。站在第三者的角度来看，这样的生活方式显然是有害的，而本人很难意识到。

不会主动寻求和别人交往

这一点并非是有回避倾向的必要条件，却是常见的特征。有回避倾向的人会避免与人接触和交往，即使其他人都主动和别人交往，他们也不会这样做。主导是必要条件，如果有义务或者是职责所在，他们也会与人交往，但并非发自内心，因此看起来胆怯、兴致不高。对方会礼节性回应，却也能感觉到他们很勉强，所以一般也只是客套。

他们也需要朋友，可是不愿意和别人坦诚沟通，即使和别人有共同的兴趣，很多时候也不会有更深的交流。乍一看好像和别人很亲密，其实有些人甚至没有一个真正的朋友。

很多时候连见面都觉得麻烦，根本不愿意去。有人会接受对方的邀约，但是不会自己主动约人、打电话或者拜访他人，对方没有回应会让他们焦虑，感到不满。如果对方不再主动交流，他们就会到此为止。

对于活着这件事没多大喜悦

回避型人格的诊断标准中存在有异议的地方,就是至少有一部分回避和别人交往的人很少从生活中得到快乐,这样的特征称为"无快感症"。而很难从与他人交往的社会关系中获得快乐的状态被称为"社交无快感症",人们一直认为这是分裂型人格的特征。社交无快感症的产生既有遗传的原因,也有婴幼儿时期抚养环境的影响。

他们表现出这些倾向:不会积极与人交往、不热衷于有趣的事物,因为很少从中得到快乐。无论和别人一起做什么都很难感受到乐趣,即使在学业和工作方面取得成绩、得到周围人的称赞也索然无味。还有一种倾向就是从训练、运动、性等体力活动中得到的快乐很少,因此他们不会热衷于别人眼中让人快乐的行为。

特别是伴随社会压力和紧张的行为,很少让他们得到快乐,更多的是痛苦。所有的事情既容易变得麻烦,又很少得到快乐作为回报，因此没有努力的动力。

　　我在第一章中说过，同样觉得与人打交道麻烦的人也有两种，一种是从与人交往中得到的快乐很少，另一种是觉得与人交往有让人愉快的方面，但是疲惫和焦虑更多，所以觉得交往麻烦。前一种类型被称为"分裂型人格"，后一种类型就是真正的"回避型人格"。

　　近年来，这两者的界限没有以前那么清晰了，不少情况下会共存：有的人从与别人的交往中得到的快乐很少，有时虽然想与人交往但是害怕被拒绝。和别人接触的机会减少，感受到快乐的机会太少，所以对于快乐的感知机能可能会衰退。在诊断标准中两者被放在一起处理，也说明两者很难区分，很多人对于和别人分享心情或者共同行动也很难感受到快乐。

回避亲密关系和性关系

回避型人格容易出现的一个问题就是回避恋爱、性等亲密关系。他们没有恋人的主要原因不是没有机会，而是内心就没有需求。四目相对、一丝不挂暴露在对方面前，这种关系让人难以忍受又无处可逃，所以希望避免这种情况，只要出现一点点以上所述的迹象，马上就想逃离。

实际上，最近很多年轻人都开始觉得恋爱太麻烦，虽然也让人期待，但麻烦更多。

一个有回避倾向的女性接受了心仪对象的表白，两人开始交往，她也觉得高兴，但更多的是觉得麻烦。一个人的时候可以随心所欲，和别人交往就要配合对方的时间，不方便的时候也不得不迁就。还要考虑对方怎样看自己，担心对方讨厌自己。有时候对方要求发生关系，自己明明不愿意，为了不让对方失望必须勉强自己，也想拒绝，话到嘴边又觉得难以启齿。这些问题都让她觉得很麻烦。

开始恋爱的时候,快乐会冲淡这些麻烦,但是因为获得的快乐很少,慢慢就会觉得痛苦的成分更大,恋爱也成了麻烦。

对于争执或者无处可逃的环境会感到压力

还有些症状和问题在诊断标准中并未被直接提及,但是会经常伴随出现,我们来看一下。

(1)不喜欢对立和争执

有一种症状诊断标准中没有,但是很常见,就是希望尽量避免争执和冲突。面对无理的攻击和指责,担心自己反驳会引发更激烈的争执,会选择息事宁人,忍气吞声。有时候这样做可以避免冲突激化,有时候却会让对方得寸进尺,口无遮拦,把他们当成出气筒、折磨、霸凌。

为了避免发生争执或者纠纷而主动退让,甚至宁可放弃自己的权利,也不愿意与人争执。

本来应该坚持的事情仅仅因为担心导致冲突就会放弃原则——这些情况就可以怀疑有回避倾向。

也有受过伤害的经历的影响,回避型人格的人不擅长处理激烈的感情，愤怒、悲伤等负面的感情自不必说，即使是善意、亲密等正面的感情他们也无法坦然面对。

很多时候，他们不知道应该如何面对别人对自己的善意，只好选择逃避。对于这种孩子，工作热情很高的教师会很头疼，对他/她越是关心，反而让他/她更不想上学。

在性方面，他们大多数时候不会选择人们常说的充满男性或者女性魅力的人，而喜欢荷尔蒙不会过于浓厚的、男孩子气的女性或者中性化的男性。对于性方面的要求，他们更在意的是不要成为负担，而不是喜欢。

（2）希望能保有退路

最后，还有一点诊断标准中并没有写，和长期表现出回避倾向的人交往会发现一个特点，就是对于他们来说，没有退路会造成很大的压力。

很多时候他们的人生就是在寻找避风港。有的人也在工作，但对于他们来说现在的工作只是为了糊口，希望有朝一日可以做自己真正想做的事情，这是他们的心灵避风港和精神支柱。

任何情况下痛苦都大于快乐，让人不得不承认现实的残酷。想保持心态平衡、不丧失希望，需要有一个完全不同于现实情况的避风港。

避风港可以是读书，可以是玩游戏，可以是户外活动，可以是与网友聊天，可以是炒股，可以是研究和创作。有回避倾向的人有一个特征，就是对于他们来说，避风港比本职工作更能让他们感受到人生的意义和希望。

如果责任和负担很重却没有退路，很容易让人萎靡不振。而有了退路就不一样了，耐力会得到提高。也就是说，当交给有回避倾向的人一项工作时，如果过分强调责任，完全不给他们留退路，告诉他们只许成功不许失败，这非但不能调动起他们的干劲儿，反而容易适得其反，让他们不堪重负甚至崩溃。

给他们留有退路，效果反而会更好。告诉他们"失败也没关系，我来承担责任，你只要尽力而为、高高兴兴去做就行"，这样更容易让他们发挥出实力，取得更好的结果。如果时间紧又强求结果，对他们而言只能是妨碍，会让他们备感压力、丧失斗志，最后甚至临阵脱逃。

病理的本质是避免受到伤害

前面罗列了几个标准，诊断标准大抵如此，符合其中的几项就可以确诊为回避型人格。但是这种方法就像把一个物体通过不同的角度呈现出来，很难展现出整体形象。

想要展现整体形象，更直观、效果更好的方法是以人们耳熟能详的角色或者人物举例。例如，如果有人拥有像《美女与野兽》中登场的野兽一样的内心，比罗列诊断标准直观得多。不过野兽的例子有些极端，用来表述回避型人格的形象不够恰当。

在动画片和漫画的角色中可以找到很多更典型的例子。例如《哆啦A梦》中的少年野比大雄，虽然他还是一个孩子，却已经开始表现出这种性格。和《海螺小姐》中登场的鲣鱼少年相比，他的性格也相当柔弱，缺乏自信，不够积极，总是很不安，害怕来自外界的压力，由此可以清楚看出回避型人格的特征。而成绩不起眼、被姐姐和父亲当作出气筒却完全不把这些当回事的鲣鱼少年，他的坚强是少年野比大雄完全不具备的。

大家相信少年野比大雄的原型就是作者藤子·F.不二雄。藤子·F.不二雄本名是藤本弘，是一个非常内向、没有自信的少年。他认生，很难交到朋友，爱哭鼻子，经常被别人欺负，活脱脱就是一个野比大雄。

在战后登场的《海螺小姐》和在经济高速增长结束的20世纪70年代火起来的《哆啦A梦》，体现了青少年回避倾向平均水平的变化。少年野比大雄无疑比平均水平更弱、更受欺负。但随着时代的发展，回避倾向的软弱反而被描写成有魅力的特质。

比如动画片《新世纪福音战士》的主人公碇真嗣，年龄设定只有14岁，他也具有回避型的特征，懦弱又没有自信。可是读者会被他的柔弱打动，引起共鸣。回避倾向的软弱在野比大雄这些少年身上并不是让人遗憾的缺点，反而被描写成值得肯定的魅力。在这些动画片故事中，他们经历重重考验后终会慢慢强大起来。

在同样表现了"回避型美学"的作品中，有一部作品与《新世纪福音战士》类型相同，发表时间比《新世纪福音战士》稍早一些，发表于日本泡沫经济时期，发行后非常畅销，引起读者强烈反响，这就是村上春树的小说《挪威的森林》。主人公与直子邂逅并交往了一段时间，但总是有所保留，无法全身心投入。随后，直子失踪了，两人擦肩而过，再也回不到过去，而且最终因为直子的自杀而永远分开。主人公和直子都深爱对方，但越是如此，越无法坦然面对自己的感情。当两人被死亡这个不可逾越的鸿沟分开时，主人公感到难以言表的失落，也终于明白了自己对直子的爱。

这部作品可以清楚看出村上本人就有着回避倾向的感性。年复一年，日本甚至全世界的人都跟他产生了共鸣，也说明有一大部分年轻人的感性正在不断向回避型倾斜。

从野比大雄这样软弱的、被摧残的存在，到碇真嗣和《挪威的森林》中的主人公这样产生了戏剧性的烦恼的存在，生活中的原型甚至成了英雄。正因为如此，才能获得如此众多读者的青睐吧。

村上春树表现出的回避倾向

现在,村上春树已经不仅仅有日本读者,在全世界都收获了众多读者。他自己的生活方式也和他作品中的主人公一样,表现出回避型人格的特征。

他不愿意出现在人前,不愿意接受媒体的采访,这些都是证明。

村上春树很少接受电视采访,甚至不太出现在人前,每次只要出现就一定会引发关注。他的理由是"担心别人看到我会觉得讨厌""我很认生,面对不认识的人会很不自在"。(柘植光彦《村上春树的秘密》)

村上春树说不上相貌出众,但是他知性,又有着大都市人的气质和独特的魅力,很难理解他为什么羞于见人。想不到其本人却有这样的想法,避世生活。

他选择不要孩子可能也有这方面的原因。关于这个问题他在采访中是这样回答的:"作家是很自我的职业,在家里也要抓紧时间工作。有孩子就没有信心完成工作了，又要添置很多新东西，我无法习惯。特别是我很在意外表，要求自己一定要打扮整齐，有了孩子也会受影响……"（柘植光彦《村上春树的秘密》）

我觉得他很直率。作为一个作家，他的神经纤细敏感，不想破坏自己的世界，努力守护自己的精神家园，所以要尽量避免现实生活中的琐事和多余的负担。他的做法体现了回避型人格的特点。

回避型人格的概念不太好理解，而具体的角色和人物形象容易让人有整体的直观感受，也更容易看清这一类型的人身上病理的本质。

如果大胆用一句话来表达：他们害怕受到伤害或者自己的世界被破坏，甚至谨慎到了胆小的程度。这一特征在战争时期的日本只能被人们当成懦夫取笑，沦为笑柄。而半个多世纪过去，这却引起了越来越多的人的共鸣，甚至成了美学。

有回避型人格的人，情感淡泊而纯净，这个特质甚至已经成为备受推崇的美学标准。他们对于受到伤害很敏感，希望可以避免伤害，守护自己的世界。

和社交焦虑障碍的关系

表现出消极、无精打采等精神医学上所说的病态生活状态的人以回避型人格障碍和分裂型人格障碍为代表,除了这两种类型也有其他障碍表现出相似的状态,来看一下这个问题。

首先是社交焦虑障碍,其和回避型人格障碍很难区分,经常成为讨论的焦点。社交焦虑障碍在面对别人的时候很紧张,会感到强烈的不安,他们的特征是希望避免在社交场合出现或者和别人说话。简单地说,就是怯场和紧张症。

在和人交往觉得麻烦这个问题上,回避型人格障碍和社交焦虑障碍表现出一样的症状,仅仅根据这一点很难区分两者,所以有专家认为两者是一样的。

但是社交焦虑障碍的人不会在其他方面逃避挑战或者责任。英国有一个叫斯坦利·鲍德温的政治家,一上台就紧张得说不出话来,他虽是一个政治家,但是每次演讲前都非常紧张,甚至演讲时声音和手都会颤抖,让人觉得不可思议。

让大家想不通的是这样一个人甚至当上了首相，担负起了一国领导人的重大责任。很明显他不是回避型人格障碍。

社交焦虑障碍和回避型人格障碍即使共存，两者也是不同的。社交焦虑障碍说到底只是太紧张、对于在人前感到头疼，而并非不想出现在人前。很多人如果不是因为紧张，一上台就说不出话来，是希望在人前更活跃的。

而回避型人格障碍的人不仅仅是在社交和与人接触上，在其他所有方面——生活方面以及工作、学业上对于挑战或者尽量发挥自己的能力都会觉得麻烦。别说挑战了，对于唾手可得的事情他们也很难认定，想要回避。两者有很大的区别。

回避型人格障碍也有遗传原因，两者的遗传有共同点，由于成长环境和个人的经历不同，有人发展成社交焦虑障碍，也有人发展成回避型人格障碍，还有人两者兼有。两者兼有的案例不少，在这种情况下进行社交焦虑障碍的治疗也很重要。对于社交焦虑障碍，认知行为疗法和药物疗法比较有效，使用药物疗法的基本要求是不使用有依赖性的抗焦虑药物，而应该选择没有依赖性的药物进行治疗，依赖抗焦虑药物会让问题变得更棘手。

另一方面，环境原因也很重要，下一章中将谈什么样的环境会成为诱因。

和孤独症谱系障碍的关系

孤独症谱系障碍也和回避型人格障碍渊源很深，很多时候会呈并发的状态。孤独症谱系障碍是和孤独症相关的一系列综合征，有这样几个特征：①交流障碍，缺乏社会性；②行为刻板，兴趣狭窄；③感知觉异常。症状因个体差异有轻有重。

孤独症的特征是不愿意主动与人建立关系、很难和别人变得亲密、有很强的紧张和焦虑等，和回避型的特征有相似之处。而另一方面，孤独症谱系障碍也有多种类型，有人际交往中不加选择、毫无区别地对他人进行友好行为的积极类型，也有对于批评、评价无所谓并缺乏羞耻心的类型，但未必都符合回避型的特征。

从经验上来看，成人孤独症谱系障碍有三分之二的人不同程度存在回避型的倾向，比起一般人群这一比例偏高，有孤独症谱系障碍的话会更容易表现出回避型的倾向。如果同时有过于敏感、焦虑的倾向,就会分不清时机和场合,答非所问,容易被人责备、取笑、拒绝,这些负面、消极的经历又会导致问题更严重。

在两者兼有的案例中,很多人即使孤独症谱系障碍的特征不变化,通过治疗,回避倾向的情况也能有所改善,社会适应性大幅提高。

第三章

回避型人格和回避型依恋

第三章

固定收入人群和固定装备制度

婴儿时期不会嫌麻烦?

什么事情都嫌麻烦、总是有气无力,根本问题在哪里呢?这种状态的开始时间是一个线索。

如果嫌麻烦的倾向是先天的,从很小的时候就表现出来也不足为奇。

有的年轻人表现出"什么事情都嫌麻烦"的倾向,询问他们的母亲,虽然也有人说自己的孩子吸奶能力弱或者不怎么爱哭,而更多母亲回答孩子神经质、经常哭、哄睡困难等让人头疼,或者婴幼儿时期很活泼、很有精神头儿。可能有的孩子先天就缺乏活力,不过大部分的孩子幼时健康状况良好,上小学之前一直有着旺盛的好奇心,但后来也成了有气无力的年轻人。

刚出生的婴儿被母亲抱在胸前,手脚都不能随意活动,还是会拼命地找妈妈的乳头,一找到就吸住不放。设法生存下去的能力是每个孩子天生就具备的。

不是孩子一生下来母亲就能顺利分泌母乳。在没有人工乳品的年代，新生儿只能靠拼命吸吮母乳得到生存的口粮，获得成长所需的营养。最开始，母乳不足的时候孩子会处于饥饿状态，出生后体重减轻的情况很常见。

婴儿坚持不懈地吸吮让母乳的分泌渐渐得到改善，婴儿的体重也开始增加。而现在母乳不足的时候人们会用人工乳品补充，婴儿不需要和饥饿作斗争，也就不需要拼命吸吮母乳了。

以前嫌吸吮母乳麻烦就无法活下去，现在体重不增加就能得到人工乳品补充反而会更轻松，二者的生存态度从一开始就不同吧。

想要长大就一定要吸吮牛奶或者母乳，婴儿不会嫌麻烦。

人生的第二道难关就是学走路，大家思考一下这个问题。大多数孩子从一岁开始走路，早点的在十个月时，晚点的一岁多。走路需要先抓住东西站起来，然后练习扶着墙站立，最后鼓起勇气迈出第一步。幼儿头重脚轻，想要保持平衡并不容易。只有经历几百次的尝试、失败，才会迎来奇迹的瞬间。

嫌麻烦的年轻人也都闯过了这个难关，失败了也不气馁，屡败屡战，最后学会了走路。甚至害怕受挫的人也是如此，跌倒了哭着爬起来，反复尝试，才会有最终的成功。

也就是说，至少在婴儿时期，人不太有嫌麻烦的倾向。

而经过了十年、十五年，却变得越来越嫌麻烦，这是怎么回事呢？

"嫌麻烦"的根源

考虑这个问题之前,我们需要弄清楚一件事,笔者前面写了婴儿不会觉得活着麻烦,但是也有例外的情况。这个例外的存在就与"嫌麻烦"的根源有关。

有的孩子好像失去了求生欲,婴儿时期不吮吸母乳、长大一些后不想走路,对周围的一切漠不关心,只是无意义地重复同样的行为,有时候还会自残,一生病就失去求生欲,最终衰弱死去。甚至,生下来时很健康的孩子也会出现这样的状况。

到底发生了什么让这些孩子丧失求生欲呢?比如,被带离母亲身边送到托儿所、被丢到一边没有得到母亲的照顾。也就是说,在小的时候遭受过虐待、被忽视的孩子,会陷入觉得活着很麻烦的状态。

这种状态被称为"反应性依恋障碍",有这种症状的人会表现出对外界漠不关心或者生长发育明显迟缓等症状。严重的还会表现出和重度孤独症非常相似的状态。轻症会表现出不想和别人进行情绪交流，人际交往中不加选择、毫无区别地对他人进行友好行为，多动或容易冲动，情绪不稳定等倾向。

近年来，我们发现有的人情况没有这么严重，但是和抚养人之间的依恋也存在问题，这种情况占整体的三到四成。很多人并没有受到虐待或者忽视，是抚养方式有问题而抚养人没有意识到，比如母亲因为工作或者生病没有妥善照顾孩子，孩子对母亲的依恋就会变得不稳定。

如果孩子从幼年时候开始长期和抚养人关系不密切的话，孩子就会适应缺乏关爱的环境，最终就容易对别人冷酷，也不需要别人的关心和善意。通常把表现出这种特征的依恋类型称为"回避型"。这个回避型和回避型人格有什么样的关系呢？

为了让第一次接触"回避型""依恋型"这些词的人也能很好地理解，在说明这个问题之前，先来简单说明一下"依恋型"和"回避型"是什么。

支撑牵绊、守护生存的机制

我们会和别人建立亲密关系、成为朋友、成为恋人，一起组建家庭、养育孩子，社会之所以成为社会，就是因为有这些人与人之间的联系，这种联系称为"牵绊"。牵绊现象不仅是心理学上的，也得到了生物学上的机制支持。这个机制的真身就是"依恋"。

依恋机制由名为"催产素"的激素所支配，所有的哺乳类动物共有。有时候我们会对猫、狗产生超过人类的亲密联系就是因为共有该机制。物种不同，工作方式也存在差异。

不仅我们对于对方会产生亲密感，对方对于我们也一样，这种相互性正是依恋机制的有趣之处。

依恋机制由基因水平决定，但如果只有基因，这一机制并不能很好地发挥作用。想要让它很好地发挥作用，还需要做一项工作，就是"接通电源"。妈妈给婴幼儿哺乳、深情地抚摸、细致地照顾，这些做法就如同接通了"电源"，机制就被激活了。如果不认真对待这个步骤，即使基因正常，依恋机制也不能很好地发挥作用。而且只在哺乳期的婴幼儿时期才能接通"电源"，这一时期称为临界期。

有的母亲忙的时候把孩子交给别人照顾，有空的时候才想起来管他，这样也是不行的。关键时期一定要妥善照顾。

幸运的孩子得到了父母悉心的照顾，培养出对于父母的稳定的依恋——特别的牵绊。这里应该注意，依恋机制不仅仅影响牵绊，对于守护孩子的健康和发育也不可或缺。因为支配依恋机制的催产素可以保护人免受压力和焦虑的影响，还可以提高人的社会性和共情能力。

如果小时候的成长环境中催产素充足并且能正常发挥作用，孩子就能获得稳定的安全感，能够培养出和别人顺利交往所需的社会性和共情能力。如果不幸，成长过程中没有得到爱，被放任不管，孩子就容易生病或者焦虑，严重的甚至会影响发育、智力和社会性发展。

回避型的生存策略

人在成长过程中是否有稳定的依恋，在一岁的时候已经能够明显看出差别，而且很多人认为人在一岁的时候表现出的倾向也决定了成年后的情况。

有的孩子虽然成长环境看似正常，也没有遭受虐待或者被严重忽视的情况，但是依恋不稳定的情况却越来越多。对于母亲的依恋稳定的类型称为"安全型"。表现出不稳定依恋的类型中，对于母亲对孩子漠不关心、不关爱和照顾不到位的类型前面已经说过，是"回避型"；而要求过多，哪怕母亲只离开一会儿或者稍有照顾不周就会攻击或者排斥母亲的类型称为"反抗/矛盾型"。

回避型在某种意义上适应了别人对自己放任不管，已经不再有要求，即使被忽视也能保持平静。而"反抗/矛盾型"会想方设法得到关心和照顾，甚至不惜为难父母以达到目的。这种情况也是因为得到的关爱不足，但是在某个时期很多人得到过充分关爱,或者因为父母没有时间或者没有意愿而没有得到过关爱。

有的人在之后的成长过程中得到了很好的补偿变成了"安全型",也有人受到伤害反而增加了不稳定性。总之,一个人在成年之前固有的依恋的类型就会确定,称为"依恋类型"。回避型依恋是其中之一,其特点是不要求亲密关系,对于和别人分享心情缺乏兴趣。和回避型相反,对于感情和认可有过多需求的"反抗/矛盾型",是不安全型依恋。

回避型人格与回避型依恋似是而非

话题回到与回避型人格的关系，回避型人格与回避型依恋有时候共存，但基本上是两回事。回避型依恋是希望通过不要求获得平衡，而回避型人格是有要求的，只是因为害怕而犹豫不决。

因此，回避型的孩子随着成长会变得越来越冷酷，最终成为一个对别人漠不关心的人。

古希腊有一个叫斯巴达的城邦，孩子一生下来就被带离父母身边，接受残酷的训练。这种做法培养出了勇敢、残忍、强悍和不怕死的斯巴达勇士。对于培养强悍的战士，斯巴达式教育是有效的，而这种方法是否适合培养温厚良善的市民是值得怀疑的。

长期研究证实，回避型的孩子今后更容易出现暴力、霸凌、反社会等破坏性行为。他们不需要体贴和关爱，更希望用武力战胜对方。他们自己的成长环境就是如此，所以从某种意义上来说，学到了这些不良行为也很正常。

而且，人们普遍认为他们不擅长表达情绪、用语言沟通交流。在身体发出预警前，会勉强自己不断加码，因此导致身心疾病和分离性障碍的风险很高。看似坚强，实际上却很脆弱。

在幼儿时期表现出回避型人格有可能发展成回避型人格，但是更多人会发展成自恋型人格、反社会人格、分裂型人格。这三种人格有着很大的共同点，就是缺乏共情能力，对人冷漠，对于对方的情绪和感受漠不关心。

虽然都用了"回避"这个词，可是大家也许想不到，很多回避型人格的基本依恋类型并不是回避型依恋。回避型人格的人对于别人是否接受自己非常敏感，因此会避免与人接触。而回避型依恋的人根本不在意别人如何评价自己，正面评价或者负面评价都无所谓。

回避型人格和恐惧/回避型依恋

很多回避型人格的依恋类型不是回避型,那么又是什么类型呢?

实际上,焦虑回避型,是和对于别人是否接受自己感到强烈焦虑的焦虑型共存的类型,有时也称为"恐惧/回避型"。恐惧/回避型在回避型人格中是最典型的依恋类型。

而另一方面,在回避型中分裂倾向最强的是回避型依恋,为人最冷漠,对别人漠不关心。

而恐惧/回避型人格总是担心被对方拒绝,所以会避免与人建立亲密关系,这就是对恐惧/回避型人格的定义。

担心被别人拒绝而无法接近他人,内心却渴望被爱。所以很多回避型人格的人一旦和别人建立了亲密关系,就会表现出和之前的冷淡、容易害羞等完全不同的状态。

对于身边亲近的人他们非但不会回避,反而会强烈地表现出担心被抛弃的不安全型的一面。担心失去对方,觉得与其失去对方，不如自己先离开；或者相反，希望牢牢拴住对方独占他/她。过分依赖对方，如果对方不顺从自己的意愿就会不满、发火，发生冲突。对方会不知所措，想不通以前谨慎、成熟的人怎么会变成这样。

依恋类型的种类和特征

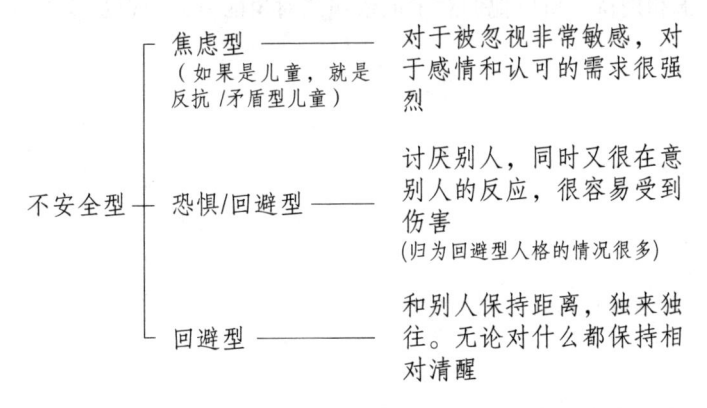

不安全型
- 焦虑型 —— 对于被忽视非常敏感，对于感情和认可的需求很强烈
  （如果是儿童，就是反抗/矛盾型儿童）
- 恐惧/回避型 —— 讨厌别人，同时又很在意别人的反应，很容易受到伤害
  （归为回避型人格的情况很多）
- 回避型 —— 和别人保持距离，独来独往。无论对什么都保持相对清醒

安全型 —— 人际关系中"牵绊"的感觉很稳定。率直、积极向前

而且，他们还会有不善于表达内心真实想法和情绪等表现，配偶很难知道他们到底在想什么。他们告诉对方自己想安静一会儿，而如果对方真的离开，就会勃然大怒，觉得对

方缺心眼。

　　所以，回避型人格的人在对外关系和亲密关系中会有截然不同的表现。外人看到的是表面，他们对人敬而远之，让别人无法轻易靠近，或者戴着"好孩子"面具，和他们的关系很难有进一步的发展。而一旦突破了防线，有机会看到他们的内在一面，就会发现他们对于感情和认可有强烈的需求和期待，所以他们对于最依赖的对象的苛刻、否定就不足为奇。

回避纠纷的回避型，进退两难的回避

回避型人格中的恐惧/回避型总会进退两难，他们渴望被爱，又无法坦诚地表明心意，很多时候即使对方主动表示好感也无法相信，为了不受伤害还会选择主动离开。

贝多芬创作了《命运》、以合唱闻名的《第九交响曲》以及《悲怆》《热情》等钢琴名作，受到人们的广泛喜爱。他也是恐惧/回避型依恋的人，很少有人比他更渴望被爱，但他却对于被爱深感无力。无法逾越的鸿沟让他的命运充满了痛苦，也让他创作出无数名作。

贝多芬的父亲是一位男高音歌手，酗酒成性，经常虐待他，让他学习乐器从而成为赚钱的工具。贝多芬十六岁的时候母亲去世，养活一家人的重担完全落到了还是少年的他的肩上。

才华被越来越多的人认可，他得到了无数的掌声，但是听觉障碍让他感到人生无比痛苦。他向很多跟自己学琴的贵族女性表达爱意，都没有结果。他的要求很高，只爱有家世、有教养的女性。深层剖析他的心理，也许正是因为这些人无法得到，他才能放心去爱。

从贝多芬留下的肖像画可以看到他相貌英俊，也有女性倾慕他的才华和他相爱，但最终还是无疾而终，也许另一个原因是他害怕恋爱有结果吧。

不同于渴望被爱又对于相爱感到恐惧的恐惧/回避型，回避型很少与人纠缠，很少有烦恼。他们的生存策略是首先考虑避免容易让人烦恼的麻烦事，对于感情完全不期待、不负责是他们的基本方针。本来要求的感情就少，得不到别人理解、无法与人心意相通不会让他们觉得困扰。

而恐惧/回避型其实是希望别人接受自己、希望对方爱自己的，求而不得才会痛苦。

电影《美女与野兽》中，野兽的苦恼就源于他内心深处渴望被爱的愿望，但也正是因为有这样的愿望，只要两人心意相通，恐惧解开，就能得到爱。

而回避型虽然很少和别人有纠葛，想要摆脱这种境况却很困难。

那么需要改变这种生活方式吗？一定要勉强自己做不

高兴、没有乐趣的事情吗？还是不随波逐流、探索新的生活方式呢？在谈论回避的问题时，这两个方面的观点都不可或缺。

很多时候只看表象很难分清回避型和恐惧/回避型的区别。两者的特征都是不愿意与人深入交往，也不想认真努力生活，只是混日子。不想做麻烦的事情，只做必须做的事情，一点点责任和负担也会让他们觉得很麻烦，在这些方面两者很像。都缺乏积极的意愿和行动力，不想和别人打交道，更愿意独来独往。

对于感情纠葛、跟人打交道感到头疼，不愿意去做。两者都很敏感，容易受伤，不善于应对压力。

想要理解为什么越来越多的年轻人处于无精打采、冷漠、消极，也就是怕麻烦的状态，我们需要知道两种类型各自的特点。

为什么会产生回避型依恋？

前面说过，回避型在幼儿时期就能看出端倪，很多典型案例是因为婴儿时期被忽视，或者是长期缺乏照顾和关心，过早失去母爱会引起依恋损伤。

前文谈到的井上靖、毛姆和埃里克·霍弗，他们有一个共同点，都在幼年时期经历了与母亲的生离甚至死别。

众所周知，井上靖小时候不在父母身边，由完全没有血缘关系的祖母（只是户籍上的祖母）照顾，两人一起生活，直到他快小学毕业。他受到祖母的溺爱，和父母感情疏远。上中学之后住在宿舍或自己在外居住，依然不和父母一起生活。真正和父母共同生活的时期只有在金泽读高中的前半期，所以对于父母几乎没有依恋。

他在成长过程中没有得到母亲的关心和照顾，依恋机制受损，因而在其他的人际关系中也只会表现出冷淡、多疑。但是井上很幸运，遇到了坚强的妻子，开始步入了安稳的人生。而毛姆和霍弗对于爱无能为力，他们的恋爱只能是悲剧。

有的人没有得到父母的关爱，但是某种程度上也有过被爱的时期，或者有人代替父母爱自己，很多时候会有不要求爱和过度要求爱共存的表现，这就不是单纯的回避型了，会表现出恐惧/回避型。

还有的母亲悉心照顾孩子，但由于她本人是不安全型依恋，孩子也容易表现出不安全型依恋。长期缺乏母亲的照顾是成为回避型人格的主要原因，想要关爱，却只得到责备和攻击，就容易自我否定，不信任别人，成为恐惧/回避型。

如果母亲离婚或者再婚导致对孩子的关心不够、照顾不周，他们的依恋就会变得不稳定。有时候为了适应关爱不足的情况，会像后文的案例一样，回避型变强。

没有得到关爱的孩子

二十一岁的大学生佑美（化名）来咨询，她和任何人都只能维持表面上的关系，在学校甚至没有一个能够推心置腹的朋友。

她说自己并不是从小就如此。小时候的她很容易和别人打成一片，是一个活泼、积极的孩子，她觉得现在的自己和以前的自己完全是两个人。

佑美在姐弟三人中排行老二，因为母亲要工作，几乎没有时间照顾她，她总是抱着母亲的睡衣吸吮着手指入睡。

她在人前很开朗，周围的人都夸她能说会道，是大家的开心果。小学四年级的时候父母离异，她不得不转学，和父亲还有多年的好友分离，这让她很痛苦。

母亲一个人养家，生活很辛苦，她以为一直学习的钢琴课也要停了。母亲告诉她不用担心这些，让她继续学习。为了减轻母亲的负担，她和姐姐经常帮母亲做家务。弟弟是一个问题儿童，母亲的关注总是放在弟弟身上，她不记得自己被母亲表扬过。

中学二年级的时候，三十八岁的母亲再婚了，他们搬进了宽敞明亮的大房子。开始她很开心，可是不久她就看到了继父的另一面。继父也是再婚，性格暴躁，一点小事不顺他的意就会歇斯底里，甚至对母亲和弟弟暴力相向，她总是小心翼翼地看继父的脸色。和母亲谈心、撒娇都成了奢望，索性也就不要求了。

甚至，马上考高中的时候也没有人关心她，模拟考试和考试费用的事她也觉得难以说出口。上高中后她简直像变了一个人，消极、阴郁、性格拘谨。她几乎没有朋友，和同班同学也不能坦诚相处。那个时候她的洁癖越来越严重，无法忍受直接触碰电车扶手、门把手等，总是带着便携式消毒剂，偷偷地喷在手上。高中的时候最严重，上大学之后觉得可以从这种生活中逃离了，看到了一丝希望。

的确，上大学后很多方面变得宽松了，洁癖也得到了改善。但是几年间纠结的内心不能马上恢复，对于和朋友建立亲密关系依然会犹豫，说到底和别人的关系只是点头之交——在父母离异、自己不得不离开熟悉的地方时，她就已经决心不再和别人有牵绊。

母亲再婚建立新家庭也只让她徒增烦恼和窘迫,最后竟然没有一个人认真为自己着想。她觉得绝望,这种心理阴影一直笼罩着自己。

佛教的救赎是回避型策略？

无论是否承认，每个人都希望被生养自己的人所爱，但并不是所有人都这样幸运。

一般来说，佛教中所说的救赎就是舍弃被爱的欲求、放下执念，以逃离痛苦。这正是被忽视的孩子不得不做的放弃依恋的反应，通过摆脱依恋而放下执念。以释迦牟尼为代表的高僧都抛下了家人而去修行，放下了依恋。他们也许得救了，但是人们忽视了另一个问题，被他们抛弃的家人怎么样了？

家人因为被抛弃而导致依恋受到伤害，一定会很痛苦。他们斩断了痛苦的锁链远离世俗也许会得救，被抛弃的人却不得不背负更大的痛苦，这样的痛苦远远不止是烦恼。

出生于镰仓时代的西行，曾仕鸟羽上皇[1]，成为北面武士，他弓马娴熟，而且熟读兵法，还能吟诗作赋，被授予很高的官位，颇受上皇的信赖。他却抛下了这一切名利、身份、地位，甚至瞒着家人出家了，当时他的女儿还不满两岁。他把家事托付给了弟弟，可是心里应该还是放不下吧。他出家后，妻子、女儿失去了丈夫和父亲，失去了安稳的生活。

这样过了两三年，有一天，西行去都城的时候忽然很想见见自己的孩子，于是去了自己曾经的府邸，偷偷向里窥视。他看到一个五岁左右的小女孩，知道这是自己的女儿，她和一些身份低贱的孩子一起玩。女孩长发及肩，容貌美丽，却像个野丫头一样不修边幅，这让他很受刺激。此时，女孩发现了他，说了句"好可怕的和尚"就跑回了屋里，她当然想不到这是她的父亲。

西行担心女儿日后的仪容仪表和行为举止，不久后他请求妻子的叔母冷泉殿将女儿收作养女。冷泉殿答应他，会

---

[1] 指的是日本第74代天皇鸟羽天皇退位后的称号。——译者注

像疼爱自己的女儿一样疼爱女孩。然而冷泉殿出身贵族，深受礼教影响，又自矜身份，在她看来，武士家庭出身、性子又淘气的女孩是一个烫手山芋。而站在女儿的角度，她被虐待、被否定，感受到的只有痛苦，被父亲抛弃，母亲也离开自己，由一个并不真心爱自己的人抚养长大，无法面对这一切，叛逆也是正常的。

女孩十九岁的时候再次见到父亲西行。看到晒得黝黑、枯瘦的法师，她一开始感到不知所措，但毕竟血浓于水，两人的关系很快就融洽起来，互诉衷肠。

此后，女儿也出家了，在高野山成了一个尼姑，和已经出家的母亲也就是西行的妻子一起生活。

西行的出家彻底改变了妻子和女儿的人生，最后甚至让她们也抛弃世俗出家。从佛教的价值观来看，也许正是因为西行抛弃世俗，妻子和女儿才得以进入佛门。

他们明白了求而不得，所以放弃追求，放下执念，这并不值得称颂，反而让人感到悲哀。希望大家不要把"不求"误认为"得到满足"，没有人愿意"不求"，而是因为求而不得才放弃。

成长环境的影响超过基因

造成回避型依恋的原因除了幼年时期的成长环境,还有其他几个原因,我们来看一下。

与遗传基因水平(遗传原因)也有关系,最有代表性的就是和孤独症谱系障碍的关系。在有孤独症谱系障碍的孩子中,成为回避型的风险会有一定程度的提高。但是有孤独症谱系障碍的孩子也有安全型和"反抗/矛盾型",虽然遗传基因相同,但不同的成长环境会导致不同的表现。

此外,有敏感倾向或者神经质倾向的孩子,也就是通常说的"不好带的孩子"更容易成为回避型或不安全型依恋。但即使是在这样的情况下,如果母亲处理方式得当,也能够大幅降低其成为回避型的概率。

荷兰进行的介入研究证明了这一点。在表现出有难以取悦特质的一百名婴儿中随机选取一半的人数只进行普通的指导,而另一半从出生后六个月开始的三个月中对母亲进行特别的指导，结果让人意外。

在进行普通指导的案例中，很多孩子后来表现出回避型依恋；而进行特别指导的案例中，大部分孩子表现出安全型依恋。

虽然同样有着敏感的特征，但是仅仅因为婴幼儿时期父母的对待方式不同，就产生了如此巨大的差异，甚至大到让人怀疑这些婴幼儿天生就如此。

那么特别指导是什么内容呢？其实这种做法并不难。告诉父母尽量多回应孩子，回应孩子的时候大人的动作、表情要丰富。

为什么这些做法会对依恋的稳定产生决定性影响呢？这是因为在依恋的形成中，应答性的反馈与抚触以及拥抱同样重要。所谓应答性的反馈，就是孩子一哭马上就会得到关注，检查他/她是否有什么问题、想要什么，孩子笑了也要对他/她笑，及时知道孩子的心情和感受。

相反，非应答性的反馈即是无视孩子的要求，或者孩子没有要求，父母想给就给，比如喝牛奶也必须到时间了才给，这就是非应答性的做法。婴儿因肚子饿而哭泣时就给他/她喂奶，这样的做法尊重了孩子的主体性，是应答性的做法。

　　这些细微的差别会导致全然不同的结果。大人方便的时候才给和孩子想要的时候就能得到，对孩子来说是完全不同的体验。

他人令自己不悦的理由

如果向一个人提要求就会得到满足，那么孩子可以从对方的身上获得安心感，形成稳定的依恋；如果要求也得不到满足，或者不想要却被强加，孩子就会有违和感和不安感，无法对父母产生发自内心的信赖。父母觉得自己尽心尽力，孩子感受到的却只有不断的痛苦和违和感，依恋就变得不稳定。

动物只需要应答性的反馈，而人类有着高度发达的情感，会有更高的要求，这就是比应答性的反馈层次更高的共鸣性的应答。不是简单的应答，而是首先要理解孩子的心情，在此基础上做出应答。孩子感到悲伤时要给予温柔的安慰，孩子觉得遗憾时要表示自己理解他/她的感受，告诉他/她已经尽力了，不需要遗憾。对于还不能准确表达自己心情的孩子，要准确理解他/她的心情，用语言给予安慰或者鼓励，让孩子知道你明白他/她的感受，从而获得安慰。

很多父母不能很好理解孩子的想法，毫无反应是最糟糕的做法，或者虽然有反应，但是说的话不是孩子想听的，孩子会感到违和以及不满足。如果经常有这种经历，孩子成长过程中的沟通就是扭曲的。

如果他们在成长过程中没有得到过别人的理解，那么对别人的回应也不会抱希望。因为和人交往一定会有违和感和分歧，会影响心情，影响心情的事情当然希望可以回避。

觉得和别人交往麻烦的一个原因就是自己的心情和感受很少得到别人的理解，很少有让自己高兴的经历。根本原因是成长过程中很少得到父母等重要的抚养人的理解。

和母亲关系疏离的后果

志穗美（化名）做小学老师已经有十七年了，她很敬业，以自己的工作为荣。志穗美性格稳重，年纪轻轻就很独立了，她的成长过程似乎一帆风顺。二十多岁的时候，她觉得工作很新鲜、很有意义，全身心地投入工作。课余时间她喜欢运动，生活充实又快乐。

而过了三十五岁之后，她时常会郁郁寡欢。和孩子在一起的时候依然觉得很快乐、很有意义，可是和孩子母亲接触的时候，有了和以往不同的感觉。特别是比自己年轻的母亲因为孩子的事情向她感慨或者抱怨的时候，她就会感到焦虑。

理智上她可以理解她们作为母亲的不易，也会认真倾听，鼓励她们，给她们出主意。但是内心深处总是有种冲动，让她很想质问她们：自己的孩子有什么可抱怨的？她要照看几十个别人的孩子呢。这些话当然不能说出口，只能腹诽。有时候她也会想，"我在做什么呢？留给自己能生孩子的时间还有多少呢？"

她也想要自己的孩子，却没有遇到一个人能让她下定决心。与其做这些让人心烦的事情，还不如活在当下，享受工作和运动的乐趣。

有时候，她也会觉得自己作为一个女人的"赏味期"已经不多了，问自己真的要一直这样生活吗？为什么只能这样生活呢？

自己是否可以像其他同事一样，一边工作一边谈恋爱，甚至结婚生子呢？答案是否定的。这是为什么呢？

每天和别人的孩子接触、整天教他们学东西、照顾他们，为什么不能要一个自己的孩子呢？

志穗美来咨询的初衷是因为工作的压力，但是最后她发现自己真正想弄明白的是：为什么不知不觉淘汰了建立家庭、生养孩子的选项？

她回忆了自己的成长过程，发现母亲从她很小的时候开始就一直在工作，她甚至没有过向母亲撒娇的记忆。母亲只要开口，一定是对她的斥责或不满，所以母亲只要声音稍大一点，志穗美就会全身僵硬，甚至瑟瑟发抖。她理解母亲的不容易，从来不会顶嘴。可是她也会想，既然那么辛苦，还不如不把自己生下来。

小时候的事情她已经完全忘记了，而且不知从什么时候开始她刻意把母亲美化成了一个为家庭无私奉献的人。而现在重新审视母亲，觉得完全无法理解她。母亲口无遮拦，像一挺机枪一样，从不考虑孩子的感受，在她看来，似乎感恩戴德地聆听就是志穗美的责任。最近，她甚至开始心疼自己有这样一个母亲，自己过得太辛苦了。

搞清楚了一直以来的违和感来自哪里，志穗美终于隐隐约约明白自己为什么不能向别人撒娇，只愿意维持表面关系了。

如果依恋没有得到充分培养，很容易在生孩子的问题上态度消极。特别是有回避型倾向的时候，很多人会觉得孩子是麻烦，不想要孩子。如果自己在成长过程中得到了悉心照顾，会觉得生孩子是自然而然的事情，如果没有满足这一前提，就不会产生要孩子的意愿。本人也许不知道原因，但是并不欢迎孩子，反而觉得孩子会影响自己的生活。

不安全型依恋有时会导致夫妻关系不稳定，原生家庭的负面影响无处不在。

志穗美的母亲是一个女强人,不懂得体谅别人,所以志穗美和母亲之间没有建立起共鸣性的牵绊。志穗美的生存方式是和别人保持距离、不撒娇,以此获得平衡。大部分问题都能应对,只有一件事除外,就是和别人建立亲密关系。

过早的独立需要引起重视

导致回避型依恋的抚养方式基本有两种。一是前面说的照顾、关心不够，没能从父母那里得到悉心照顾。有的人很小就被送到托儿所，也没怎么觉得孤单，他们容易表现出回避型倾向。没有得到父母或者周围的人的照顾，也就不期待了，从某种意义上来说很早就独立了。这样的过早独立容易导致他们不会求人、不愿意找别人商量等回避型倾向的表现特征。

还有更大的问题，他们小时候很独立，到了青春期的时候，反而会不想上学、宅在家里，出现各种不适应，不少人甚至开始黏着父母。而小时候撒娇、不懂事的兄弟姐妹，到了青年期一般都会变得健康积极，向往外面的世界，变得独立。

而且很多回避型（依恋）的人不认为父母有多重要，会刻意美化父母。而如果回忆起来，就会想起自己几乎不会向父母撒娇,遇到难事也不找父母商量,只维持着表面上的关系。

在人际关系中流于表面化的倾向不仅是对父母,在与其他人的交往中也很普遍。有的人乍一看在社交中好像如鱼得水,很享受,其实内心拒绝和别人更深入、更亲密地交往。

和本来应该亲密无间的父母关系都很疏离,对于父母之外的人就更不可能产生发自内心的亲密和信任了。

也有人和父母关系冷淡,但是得到了其他成年人的理解,弥补了和父母关系疏离的不足,这种人反而能和父母之外的人建立亲密关系,培养信任感。有的人在成年后不能对别人产生发自内心的信任和亲密,但是如果遇到愿意奉献的恋人或配偶,在经历家庭生活和抚养孩子的过程中,也能够获得稳定的依恋。

支配和强迫产生的另一种回避型

长期缺乏照顾和关心的成长环境是导致回避型的最大原因。近年来，还有另一个原因即抚养的问题也有所增多，就是父母不考虑孩子的感受和需求，单方面强迫孩子接受照顾、期待的情况。

稳定的依恋建立在本人的要求会得到回应（应答性原则）的基础上，如果父母无视这一原则，本人没有要求帮助，父母却插手或者指导，父母对于本人来说就不是"安全基地"了。父母觉得好，而对于孩子来说时机不合适，他们就会觉得父母多管闲事，主体性受到损害，会感到痛苦和违和。父母好心却办了坏事，甚至会让孩子感觉受到了"虐待"。这种"善意的虐待"对于回避型依恋的形成会起到推波助澜的作用。

有的普通家庭非常关爱孩子，但是如果父母对孩子的期望过高，要求完美，或者不理解孩子，都容易发生这种所谓

"善意的虐待",导致孩子厌烦父母,觉得他们让人不快。在青春期以后,有这些感觉从某种意义上来说是正常现象,可是如果从小就不得不体会这种不愉快的话,对孩子来说是很不幸的。

有些场合可以逃避,危害尚且有限。而家庭对于孩子而言就像一个密室,他们根本无处可逃,只能服从父母的安排和支配,在这样的环境中生活如同在强制收容所一样。孩子只能优先考虑从眼前的不快中逃离,丧失主体性,不会体谅别人,变得消沉。对于他们来说,别人只会伤害自己,让自己不快,当然也就不想和他们建立亲密关系,保持距离才有安全感。

第四章

为什么会形成
"不想受伤"的性格？

想逃离什么？

回避倾向强的人不仅会变得懒惰、逃避麻烦，处于这种状态的年轻人还会特意绕道，避免和同龄人走对面。偶尔外出的时候会精心打理自己，很久才去一次学校，却装得像好学生一样认真听讲、记笔记，好像自己向来如此。

为什么要特意避开同龄人、讲究仪表、像好学生一样认真听讲呢？其实他们努力把仅有的一点气力拼凑起来，是要拼命避免一个问题，就是因为担心被取笑、被贬低而受到伤害。

即使可以避免和同龄人面对面、避免被嘲笑和否定的危险，却无法逃离自己的内心和思考。避开别人的视线和评价，像逃亡者一样生活——当他们意识到这个问题时也许就会觉得自己很可怜，所以即使能避免别人的嘲笑，也无法摆脱对自己的厌恶。

想避免发生这种情况，需要更有效的自我防卫，就是缩小视野和思考的范围，不让自己回忆、考虑有可能伤害到自己的事情，忘记不愉快的现实——沉迷于某个事物是最有效的。

回避倾向最强的人为了保证其他东西不进入视线，会寻找让自己沉迷的东西。网络或者智能手机提供大量信息和游戏，非常有效，是有助于缩小视野的有力工具。只要把注意力放在上面，至少可以暂时忘记会伤害到自己的不堪现实。

他们为什么如此害怕受到伤害呢？为什么要想方设法逃避受到伤害呢？一定和必须要逃避的根本原因有关。

回避型人格的遗传因素和环境因素

回避型依恋与遗传因素有一定关系，而抚养因素的影响更大，缺乏关心和回应的环境、过度的控制和强迫都是其产生的原因。

那么，回避型人格又是怎样产生的？众所周知，遗传因素对于回避型人格障碍影响较大，能达到六成五左右。环境因素的影响大约是三分之一，看似影响很小，但是这三分之一决定了是否发病。环境因素不仅仅指成长环境，也包含在学校或社会的经历的影响。

首先来看一下遗传因素。我们知道与回避型人格障碍有关的基因是5-羟色胺转运体基因。神经传导物质5-羟色胺控制焦虑，5-羟色胺转运体则发挥泵的作用，吸收人体释放出的5-羟色胺。如果泵的功能不佳，5-羟色胺就不能很好地发挥作用，人会容易焦虑、抑郁。该基因不仅会导致回避型人格障碍，也会导致其他的焦虑障碍和抑郁症，并非回避型人格障碍特有。

另外，回避型人格与社交焦虑障碍在基因水平上有很大程度的相似，环境因素的不同将决定哪个发病哪个不发病。

挪威一项研究（EiKenaes et al.,2015）以被诊断为回避型人格障碍的七十七名实验者为对象，调查了他们的父母如何抚养孩子，最后得出结论：父母很爱孩子，而且对孩子没有过度保护、过度干涉的家庭只有约一成；关爱不足却过度干涉、过度保护的家庭中男性占六成，女性占五成；关爱不足、放任不管的家庭中男性占两成，女性约占四成。

如果没有得到足够的关爱，很大程度上男女都会产生回避倾向。而过分保护、过度干涉的抚养方式在男性身上会导致更强的回避倾向，女性则没有男性明显。

这一结果在临床上也得到了证实，缺乏关爱、过度保护和干涉都有加强回避倾向的风险，而前者危害更大。特别是两者同时出现的时候，会形成最差的环境。

什么样的抚养方式会产生恐惧/回避型依恋？

我们在前一章中提到，回避型人格最有代表性的依恋类型并不是回避型，而是合并了焦虑型要素的恐惧/回避型。所以，知道恐惧/回避型人格是怎样形成的，就会了解形成恐惧/回避型人格的关键因素。

恐惧/回避型是指对自己和别人都持否定态度，认定别人都很冷漠，讨厌自己，不可能关心自己。他们的困境是明明渴望被爱，却害怕对方反应冷淡而不敢接近对方。即使对方想要帮助自己，也会否定他们的善意，无法信任他们，作茧自缚。

恐惧/回避型之所以会这样，是因为他们小时候的经历。经常性的自我否定，一定是因为父母或其他家人长期的冷暴力造成的。不亲切、冷漠，之所以会对别人有这些负面印象，是因为他们求助时得到的不是耐心的帮助，而是冷言冷语，这些经历被深深地刻在他们的脑子里。

他们虽然成了回避型，却无法放下对抚养人的期望。这又是为什么呢？实际案例中，他们回忆起自己被抚养人放任不管，总被不怀好意的目光监视，不知道什么时候抚养人就会否定自己或者对自己做出恐怖的行为，生活被压抑得连气都喘不上来。

否定性的抚养方式和羞耻的经历

在小时候和抚养人建立依恋的基础上，加上各种经历形成了控制人的认知、感情、行为的系统，这就是人格。此后有的经历会修正初期的错误偏差，而更多时候，如果基础倾斜，后来的经历只会导致偏差更严重。因此，小时候成长环境不好的孩子，后来通常很难有希望获得不同于过去的理想环境。在这种不利的环境中，孩子会想方设法取得内心的平衡，导致形成特有的偏执人格，这也是为了能够适应残酷的生活。

那么回避型人格是由怎样的经历产生，又是怎么被强化的？

精神分析等精神动力学的理论认为，回避行为是为了避免被拒绝、害怕失败等经历带来的耻辱而采取的防卫措施。过度依赖回避行为就是回避型人格障碍，这里需要重视的是害羞和羞耻心。

羞耻心是害怕自己在别人面前丢脸的心理，根本原因是没有自信，认为自己无法接受别人的评价，受不了被轻视或厌恶，觉得自己是一个卑微、差劲的人，害怕暴露在对方的眼光或评价中，因此避免直接面对对方。

人们认为，这样的倾向是从小的各种经历不断积累而形成的。典型经历就是在成长过程中总是被父母批评、否定。很多人回忆自己没有得到表扬的经历，即使他们很优秀、有很多优点，在父母看来依然一无是处，而且总是被拿来和身边优秀的孩子做比较，得到的永远是否定，久而久之很容易让他们丧失自信。

二十岁的文子（化名）现在无业，和父母住在一起，她很焦虑，迫切希望可以融入社会，但只是想想就会畏缩。

害怕进入社会，对于按照自己的想法行动感到不安。有时候也想做点什么，却总是在最后放弃，"觉得自己反正也不行"的想法会不停地浮现出来，导致她不能行动。

她并非从小就是这样的性格。恰恰相反，直到小学三四年级的时候，文子都很积极，行动力很强，是一个孩子王，她不服输，敢于表达自己的意见，困难的事情更能激起她的挑战欲。

　　这样一个女孩子在上初中后却变得战战兢兢、没有自信，她身上发生了什么呢？

　　我认为与她母亲的做法有关。母亲很少表扬她，总是批评她的缺点。如果只是这样还好，更严重的是批评方式存在很大的问题。当她犯错误的时候，母亲惯用的手段不是提醒她，而是夸大其词地把事情告诉她的父亲和哥哥姐姐，和大家一起贬低、取笑她："你们快看看，她连这样的事情都做不好。"

　　每当这种时候，她就会把身子缩成一团，忍受耻辱。比起做错事，她更在意自己被别人当成傻瓜取笑——这种意识慢慢刻在了脑子里。

　　文子曾经是一个乐观、大胆、不怕犯错、勇于表达自己想法的孩子，不知道什么时候开始总是担心被人取笑，即使会的问题也犹犹豫豫不敢说，成了一个胆小的孩子。

在学校的经历或与朋友的关系也会有影响

在产生恐惧/回避型依恋的原因中,排在父母教养方式之后的,就是在学校的经历或与朋友的关系。如果在上课的时候被同学们取笑或者被老师斥责,就会产生羞耻意识,害怕再次受到嘲笑或者斥责,对此过于敏感的人会设法避免同样的情况再出现。如果觉得自己可能答不上来,就要想办法避免被老师点名或者当着大家的面发言,那么最安全的就是不上学。那些失败或者让人羞耻的经历经常会成为导火索,让一个人辍学。

很多回避型人格的人都有这样的经历,他们无法拥有自信。特别是与别人交谈或者当着别人的面做某件事,羞耻心会让他们很抵触。

被霸凌的后遗症

被否定的经历特别是羞耻的经历，是回避型人格形成的一个因素，很多回避型人格的人都有被霸凌的经历。

"霸凌"是指剥夺一个人的位置、否定其存在价值的行为，会让一个人深受其害，而导致伤害更深的行为就是掺杂了羞耻感的做法。霸凌和单纯的暴力行为不同，经常伴随着在人前被嘲笑、愚弄等情况。"霸凌"有一个要素，就是大家看到成为牺牲品的人困窘的样子觉得有意思、可笑，因此受害者会有受辱的羞耻感，很难开口对别人说出自己被霸凌也是这个原因。被霸凌者受到的不仅仅是伤害，还有羞辱，对别人说这件事也让他们感到羞耻。受伤的心情和羞耻的感觉联系在一起，形成了复杂的集合体（心理复合体）。

单纯的伤害性攻击可以归结为对方坏，而羞耻感容易让他们觉得自己也很不堪，是一个被人取笑的存在，从而做出否定性的自我评价。正因为如此，很难单纯用"坏"评价对方。霸凌不仅是单纯的攻击，还掺杂了心理控制。

可以说，有回避型人格的人混合了没有自信和羞耻感的特有心理，这导致他们很容易被霸凌。

因为情绪低落而无精打采的烦恼的女性

即将二十七岁的碧小姐（化名）长期情绪低落、无精打采，她很苦恼。在别人面前会很紧张，总是一个人待在家里，很少出去。由此，她在其他医疗机构接受过药物治疗，却没有得到改善。接受了发育情况检查，也没有发现发育障碍的问题。她现在在服用抗抑郁药物。

让碧小姐头疼的问题是她很在意别人说什么做什么，总是做最坏的打算。别人无心的一句话也会让她受到伤害，对于否定性的评价非常敏感。

碧小姐从小就有很强烈的焦虑感，总是畏缩不前。她很容易被强势的对象控制，对于对方说的话只有听的份儿，从不敢反驳。她无法在女孩子的小团体这个狭小空间中自处，在团体中没有立足之地，这些都让她很反感。

拯救了碧小姐的是读书和画画。在大学读美术系的四年生活和以前完全不同，她完全没有被卷入派系斗争或者受到排挤，每个人都追求自我，同学们之间关系融洽。此前因为不擅长社交而备受困扰的碧小姐，居然被周围的人称赞善于交际。这些都是她意想不到的，她也不那么贬低自己了。

到了该找工作的时候，她对于进入社会还是很踌躇，在她的犹犹豫豫中，招聘结束了。她和一直很关照自己的老师说了这些，老师让她去自己的事务所工作。她不好意思总让老师照顾，就去了一个设计事务所面试，也被录用了，直到这里都很顺利。但是这个设计事务所和老师的事务所完全不同，这里的领导要求很苛刻，经常让她反复修改方案，她感觉自己被泼了冷水，自信完全被摧毁，最后只能辞职。此后，她就很害怕在外面工作，变得消沉。

有回避倾向的人对于否定性评价过分敏感，如果很努力却没有得到好评，容易一下子丧失自信。她只是在工作中受到批评，而之前的负面经历却让她全盘否定自己。其实，这种类型的人如果能在一个让人有踏实感的环境中工作，会慢慢发挥出能力。

此后，碧小姐不敢再选择设计师的工作，而选择做一般事务员，她帮助别人做主页、制作广告、排版。是金子总会发光，她的能力渐渐得到了上司的认可，又开始做设计师的工作。她不直接面对客户，但她负责的商品销量都会大增，在公司内颇受好评。很多有回避倾向的人都像碧小姐一样，明明很优秀却对自己的评价很低，因此应该设法让他们人尽其才，否则这样的人才被浪费是很可惜的。

"反正我就是不行"的主观意识

负面经历特别是耻辱的经历会形成回避型人格的假说，这个结论在认知疗法中也得到了认同。认知疗法源于精神分析并得到发展，创立者阿伦·贝克认为：回避型人格障碍的人会抱着自己一定会被拒绝的先占观念，害怕人际交往，即使别人想和他们更深入交往，他们也会犹豫不决。

有回避倾向的人认定自己是一个不完整的人，和别人不一样，被别人讨厌，而且他们还错误地认定别人都不亲切、冷漠、一定会拒绝自己。认为自己不值得被爱，希望得到别人体谅的时候会失望，这两个执念让他们无法和别人建立亲密关系。

和别人打交道的时候，因为抱着负面的先占观念，所以会曲解对方的反应，觉得自己果然被拒绝、被疏远，导致越来越钻牛角尖。即使有好的经历，也会因为其他不好的经历而否定一切，并得出"别人不会接受自己"的结论。无论看待自己还是看待别人都很悲观。

心理疗法专家罗纳·史密斯·本杰明认为，有回避型人格障碍的人总是被父母和家人吹毛求疵，冷嘲热讽，但是和家人之间有着很强的牵绊，所以某种程度上可以敞开心扉依赖他们。

他们也希望真正被对方接受、被对方爱，只是害怕被否定或者被拒绝，所以不得不小心翼翼。

如果愿意花时间让他们觉得可以安心对他人敞开心扉的话，也能建立和家人一样的亲密关系。

这一类型的人很难主动表达自己的真实想法，但是他们也希望被父母爱、希望被别人认可。很多人看似冷漠，其实他们比其他人更爱家人。

只是他们不会主动撒娇、不愿意表达自己的心情，有时候父母很难注意到他们。如果其他兄弟姐妹既开朗活泼又爱撒娇，他们就会生活在兄弟姐妹的阴影下，得不到父母的关注。来看下面这个案例。

向阳处的姐姐和背阴处的妹妹

沙奈惠（化名）对什么都提不起兴趣，想取得大学学历而一时兴起进了函授大学，但她几乎不去学校，总是一副郁郁寡欢的样子。她也知道重要的事情必须做，却总是拖一天算一天，发呆或者泡在网上消磨时间，整天浑浑噩噩，做什么都嫌麻烦。她为什么会变成这样呢？

沙奈惠的父母都有工作，母亲是老师，她刚一岁就被送到了托儿所。她对托儿所最初的记忆是在沙场上玩的场景，记得自己经常哭。她有一个年长自己两岁的姐姐，姐姐很活泼，又懂事，而沙奈惠则内向焦虑，总哭鼻子，和能说会道又会撒娇的姐姐形成鲜明对比，沙奈惠很少主动撒娇或者向别人说自己的想法。

她看起来很老实，总是沉默寡言，而遇到看不惯的事情又会突然变得强势，怒形于色。母亲经常说她任性，斥责她要乖一些。姐姐很会撒娇，总能得到母亲更多的关注。站在母亲的角度看，不爱撒娇的沙奈惠实在让人头疼，一点都不可爱。

母亲很忙，孩子们的事情一般需要自己做，沙奈惠不太记得自己得到过父母的悉心照顾。在别人家里，笔记本、教科书应该由母亲按时检查，但她的母亲很少为她做这些事，如果自己忘了就麻烦了。她不是马虎的人，却还是有几次忘带东西，至今想起来仍然觉得很难堪。她学习很认真，成绩也可以，可是和优秀的姐姐一比就不值一提了。她也不擅长察言观色，做事情总是不得要领。在母亲看来，和有眼力见儿的姐姐相比，她就是一个没出息的孩子。

初中一年级之前并没有太大的问题，沙奈惠第一次遭遇挫折是初中二年级的时候。她是网球俱乐部成员，双人赛的时候她被搭档绊了一下，输了比赛，搭档并没有说什么。但她总觉得是自己的错，认为对方不想和自己一组了，不愿意再继续练习。于是和她一组的孩子和别人组成了一组，她还是觉得自己很碍眼，最后退出了网球俱乐部。

从那之后她觉得能证明自己的只剩下学习成绩了，于是拼命学习。她很努力，进入了重点高中，对自己的要求越来越高。她不断压缩睡眠时间，半夜就起床学习到早上，即便如此成绩也勉强只是中等，后来甚至开始下降。沙奈惠越来越压抑。高二第一学期的时候，她的身体不好，不能像以前那样学习了，学习成绩让人不忍直视。父母批评她，说这样的成绩根本不可能考上大学。她自己也不得不承认自己和顺利考上国立大学的姐姐的差距是多么大。

她产生了挫败感，觉得自己再努力也没用，从那个时候这种想法开始在沙奈惠的心里扎根。而她的自尊心又很强，模拟考试的时候填报的志愿都是根本不可能考上的名校。

人一旦开始失去自信心，做事的积极性就会越来越低，她没有以前努力了，当然也没有考上理想的学校，而是去了私立大学。这不是她自己的本意，而且她打心眼里看不起那所学校和那里的学生，自然也无法交到朋友。没有好朋友，不知不觉间被孤立，上学变得越来越痛苦，暑假结束后也经常旷课。对于这样的沙奈惠，父母表现得很冷漠，告诉她不行就别上学了，最后她辍学了。

诸事不顺，没有人理解、接受自己，这样的想法越来越强。很多时候她整天都不出房间，躺在床上浑浑噩噩，也不想工作，感觉人生跌到了谷底。

看到沙奈惠这个样子，父母也开始担心了，怕她生病，于是带她去了附近的精神科，接受了问诊和简单的检查，结果被诊断为注意力缺失障碍（ADD）。ADD是先天的大脑功能有问题，表现是注意力明显低下。医生注意到沙奈惠讲述忘记带东西让她觉得很丢脸的经历，怀疑是因为注意力缺失障碍，而沙奈惠没有自信、总是惴惴不安、注意力不集中等表现也进一步被诊断为ADD。

沙奈惠知道了自己人生不顺利的原因是先天性障碍，这让她有些释怀，同时也让她更不自信了。自己果然有病，这个诊断结果让她更坚信努力无用。

她更消沉，自暴自弃，继续每天混日子，觉得无论做什么都会失败，一筹莫展。

那个时候读书拯救了她。她以前就喜欢读书，但因为学习太忙会克制自己。从大学退学之后无事可做，她开始读书消遣。

她开始希望能从事和书有关的工作。说来也巧，有一天她路过一家书店的时候看到外面贴着招聘广告，她觉得自己不能被录用，没有进去咨询，下次再去的时候广告已经没有了。她对自己很失望。

半年后，那家书店又贴出招聘广告，这次沙奈惠一回到家就马上鼓起勇气给书店打了电话，从此迎来了自己的重生。

为什么无法忍受伤害？

回避型人格障碍在病理上有一个特点，就是心理承受能力很低，受不了伤害，所以希望避免心理负担。

对于有回避型人格障碍的人来说，哪怕被人拒绝一次，也会难以承受，觉得与其这样不如从一开始就不要有关系。有回避型人格障碍的人对于消沉、不愉快等感觉的承受能力很低，这些负面的情绪、想法，会让他们体会到难以忍受的痛苦。

认知疗法没有探究其原因，但如果想了解回避型人格障碍就必须弄清楚这个问题。

为什么会发生心理承受力低下的情况呢？是先天的原因还是受后天因素的影响？我们根据心理创伤理论来说明一下。

心理承受力低是因为习得的某种行为与不愉快的结果有关联。

我一个朋友半夜在涩谷道玄坂被一个小混混纠缠，对方嬉皮笑脸地弄坏了他的眼镜，因为他是离家出走，也不能去警察局。我去看望他的时候，发现他脸肿了而且内出血。他脸上的伤好了之后很长一段时间都不愿意经过道玄坂，仅仅如此还能理解，他变得沉默寡言，对脚步声极其敏感，总感觉有人跟着自己，东张西望，还总要找眼镜。幸运的是一年多以后，他恢复了原来开朗的样子。后来我才知道，他是由于被小混混袭击受到了伤害，导致严重的心理创伤。

严重的心理创伤（心外伤）会让人消沉，而且过度敏感，还会导致心理承受力降低。有严重心理创伤的人不仅会回避与心理创伤有关的事物或场所，以前很小的问题也会变成不可承受的沉重负担，内心产生剧烈的疼痛。

有回避倾向的人会不会也发生同样的情况呢？当然他们并不是都遭受过战争、大灾难、暴力犯罪等心理创伤。那么他们到底是遭遇了怎样的心理创伤呢？

慢性外伤综合征导致的回避倾向

希望大家知道，心理创伤是指因为大灾难、事故、犯罪等一次性事件导致生命和健康受到极端的威胁，而不会威胁到生命的轻微攻击或者精神压力长期持续也可能演变成心理创伤。

典型例子就是长期被拘禁在收容所的人容易发生心理创伤，我们身边更容易发生的情况是孩子受到虐待或者被身遭遇DV（家庭暴力）却无法逃离，如同坐牢。

一个人如果长期处于这种状态，就会像在强制收容所里待过的人一样，放弃主体性，被自我无力感控制，觉得自己从属于他人，很害怕暴躁的控制者，只关心如何逃离眼前的痛苦和攻击。即使侥幸摆脱这种环境，依然无法恢复主体性，生活被无力感控制，总觉得粗暴的控制者还在监视自己。

这样的情况是否只存在于特殊案例和特殊家庭中呢？有

些看似没有问题甚至非常友善的团体和家庭会不会也发生类似的情况呢？

例如，名校的宣传口号会不断给学生和家长施压，煽动他们为了升学考试拼命，会不会产生和强制收容所经历类似的慢性外伤呢？孩子们在如战场般的考场中奋斗，会不会导致他们产生类似战争后遗症的慢性外伤综合征呢？

在密室化的家庭中，父母使用强权，会歇斯底里地训斥孩子，在孩子看来父母就像收容所里随心所欲的冷酷看守。孩子们无力反抗，面对不断的训斥和责骂只能服从。在这样的境遇中生活几年后，孩子会放弃主体性，学会被动服从，因为自我无力感而不得不只考虑如何逃离眼前的苦难。

"教育虐待"这个词很常见，美其名曰教育，却打着教育的幌子破坏孩子的生存能力。

孩子们应该受到耐心的教育，而问他们想学什么、对什么感兴趣，得到的答案都很荒唐，很多孩子回答没有特别想学的东西或者想做的事情。现在的教育非但没有培养孩子的主体意愿和兴趣，反而剥夺了这些，实在让人悲哀。

年轻人在考试中经历了千军万马过独木桥后，出现"学生冷漠症"，表现出无精打采的状态。此后竞争渐渐缓和，加上经济的低增长，主战场从高考转移到了就业。看起来没有上大学的时候那么无精打采，但是会比以往更缺乏主体性和积极性。

年轻人想逃避负担和责任、逃避挑战，是不是因为小时候在不得已的情况下承担了过多的责任和负担呢？是不是因为过早被迫面对很多不可能完成的挑战呢？类似下面案例中的这些情况就发生在我们身边。

被剥夺主体性的经历

有回避倾向的人身上有一种情况很常见,虽然没有慢性外伤综合征或者在强制收容所导致的那样严重的状态,却不容忽视。就是在成长过程中自发产生的主体性兴趣和愿望被无视,而且不得不接受周围人强加给自己的期待。

有一位青年学习很努力,成绩也很优秀。他是家里的长子,父亲对他寄予厚望。他很喜欢棒球,上初中的时候想进棒球俱乐部,而父亲听说棒球俱乐部的训练很严格,担心会影响学业,想方设法阻挠他,终于让他死心。青年虽然不甘心却不敢忤逆父亲,最终服从了父亲的安排。

此后很顺利,他以优异的成绩考上了当地的重点高中。初中、高中的时候发现自己对历史非常感兴趣,一般的书已经无法满足他了,他开始阅读专业历史书籍。高考的时候他想报考历史专业,父亲却说学历史找不到工作,轻描淡写一句话就打发了他。青年只能按照父亲的要求选了经济学。

他每天按时上课从不旷课，也修满了学分。可是他对经济学不感兴趣，一有空就会看历史、文学类的书，父亲对此很不满。

大学四年级实习的时候，可以不去学校，家里人却发现他总是一副无精打采的样子。问他工作找得怎么样了，他也默不作声。父亲等得不耐烦了，找了一家大公司帮他做好了安排，只要当天去面试他就可以被录用。面试当天他却没有去，父亲大发雷霆，他也只是低着头一言不发。父亲最后问他到底想干什么，青年勉强抬起了头，对父亲说"你别管我了"。

此后很长时间他闭门不出，他的口头禅就是对自己的否定，"反正我也不行"。

只看这个青年的做法无法理解他为什么随随便便就放弃了稳定的工作机会，会同情他的父亲如此替他着想、安排却被忽视。

如果了解他过往的经历，就会发现他的做法是守护自己主体性的最后抗议。违背父亲的意志而拒绝工作的做法并不理智，但是如果接受工作就只能继续活在父亲的价值观里。他觉得自己辜负了父母的期望，一无是处，这种想法也反映了父母对他的评价。

过于沉重的期待和被别人规划的人生

在当今社会，由于少子化的发展，父母对孩子过度保护、过度干涉，孩子被剥夺主体性的现象在我们身边很常见。父母都忙于工作，越来越多的父母没有时间和精力照顾孩子。也有不少母亲是全职主妇，她们片刻不离孩子去照顾他们的生活、给他们辅导功课。因为孩子少，父母对他们的期望就会更高。如果父母上班，容易对孩子照顾不够，孩子和父母之间的关系容易疏离。还有更糟糕的情况，父母对孩子照顾不够，期待和要求反而更高。特别是有的父母误以为期望、命令就是对孩子的爱，这种情况下父母的期望有害无益。

现在表现出回避倾向的年轻人越来越多的一个原因就是这个最差的组合，也就是父母没有时间照顾孩子，但是愿意在孩子身上投资，对他们期望很高。这些做法看似没有问题，却让不少孩子苦不堪言。

特别是事业成功，或者有较高的社会地位的父母，对孩子的期望就会更大，很多时候这种期望会变成压力，会牢牢束缚住孩子。由此，长期的压力不但会损害孩子的主体性，还会事与愿违，让孩子变得束手束脚，痛苦不堪。即使逃离这样的环境之后也会让他们长时间处于消沉状态，不知道自己是谁、想做什么。

在过度保护中长大的孩子容易逆来顺受

真纱美(化名)家里有姐妹两人,她是妹妹。姐姐很活泼,做什么都很主动,而真纱美从小就很老实,总是在姐姐的阴影下。她很容易焦虑,上学或者去补课班都需要很长时间才能适应,好在一旦适应后也不会有问题。

任何时候她都不会主动说自己想做什么,母亲对孩子的教育问题很上心,会认真研究,帮她选择最好的。真纱美一次都没有忤逆过母亲,母亲也习以为常。选初高中连读的女子学校、选择大学,都是母亲说哪里好就选哪里。

母亲说她没有姐姐那么优秀,大学专业选找工作容易的专业就好,经济学用途就很广,于是让真纱美进了商学院。

工作也不是自己选的,母亲一句话就决定让她进现在的公司。进公司后才发现,这个工作自己一点都不喜欢,很不情愿。可是她自己也觉得应该先稳定下来,工作三四年学点东西,于是决定先凑合适应这份工作。久而久之她也会觉得这样挺好，也没什么其他想做的事情。

现在她依然很感谢母亲，但也觉得自己像被绑在柱子上一样，事事都听母亲的话让人很烦。母亲从不考虑真纱美的想法，马上就能给出答案，而真纱美总是在等着母亲的答案。拜母亲所赐，如果她不帮忙，真纱美自己根本无法做决定。她对这样的自己感到焦虑，对母亲没来由地生气。

她不敢抱怨工作辛苦，母亲会说这么好的工作，又安稳，还有什么不知足，反而对她发火。可是终于有一天，真纱美坐电车的时候因过度呼吸综合征发作不能去公司了——她的身体开始抗拒了。

顺从和放弃的背后是父母的控制

有回避倾向的人不敢忤逆强势的人,他们担心发生冲突而不敢反驳对方,会选择放弃、顺从。别人无法理解他们这样的被动和顺从,不明白他们为什么不反驳别人而坚持自己的主张,恨铁不成钢。即使对方的理由完全站不住脚,甚至本人无论从能力还是资历上都明显优于对方,也不会反驳。如果对方强势,就会闭上嘴一言不发。

有回避倾向的人习惯放弃。即使是在最热血、最有梦想的年纪,他们看起来也老气横秋,说已经放下执念也好,顿悟也罢,他们总是一副自卑或无欲无求的样子。他们的口头禅就是"我不行",事情还没开始就觉得肯定不会顺利,索性放弃。

即使自己比对方有优势,也不知道应该如何坚持自己的主张;即使自己有理,面对强势的对象也会退却。

他们的逆来顺受和放弃的背后是父母过度的存在感和控制欲。

森鸥外是怎样做的?

知名作家森鸥外本名森林太郎,著有《舞姬》《山椒大夫》《阿部一族》等作品。他也无法反抗母亲过度的控制欲。很多人都知道,他对母亲峰子言听计从,从不忤逆。母亲原本只会很简单的读写,为了辅导他而自学掌握了汉语。森鸥外忙于写作时,母亲还会承担起秘书的工作,为他校对稿子。

森鸥外婚后峰子依然继续干涉他的事情,以致于和他的妻子关系很尴尬。而森鸥外并不觉得母亲的干涉多余,甚至非常感激她。

森鸥外生于医生世家,祖父和父亲都是养子,在他的成长过程中家人对其寄予厚望,最初他们希望他成为一名医生继承家业,因他过目不忘,成绩也很优秀,是全家人的希望。他谎报了年龄而跳级,进了第一大学区医学校(今东京大学医学系),努力要成为精英。

森鸥外缺乏主体性，无法反抗命运。文学研究者认为他的特征就是Resignation[1]。他不愿意直面社会现实问题，而喜欢选择历史虚构题材，喜欢间接地描写悲剧。

他对于创作的态度在实际生活中的表现更明显。

他不愿意以一个作家的身份谋生，而是选择做一个医生，而且终身担任公职，与果断辞去教职靠一支笔写作的夏目漱石形成了鲜明对比。他给予自己多重保障，秉承着安全第一的生存宗旨。

他处理不好感情问题，选择做缩头乌龟。在德国留学的时候他邂逅了一位柏林姑娘（自传体小说《舞姬》中的"爱丽丝"，以下称"爱丽丝"）并相恋，结果森鸥外不告而别回了日本，他回国两周后，爱丽丝就追随他的脚步来了日本。

最后，说服爱丽丝回德国的不是森鸥外自己，而是受不了他哭诉的家人和亲属，他们出面帮他解决了问题，森鸥外自己甚至都没有和爱丽丝道别就狼狈逃跑。

---

[1] Resignation：放弃、顺从之意。

和如此不堪的现实不同,在描写和爱丽丝恋爱的《舞姬》中,爱丽丝因为失去了他的爱情而绝望,甚至精神也出现了问题。

对于无法在现实生活中表达自己真正想法的森鸥外来说,以小说的形式表现出来成了他的避风港。

不少作家或者诗人都有回避倾向。如果在现实中可以随心所欲,就不需要特意用虚构的方式来表现了。

拒绝成为成熟的大人

害怕进入社会自立，觉得和人相爱、养育孩子都是负担，不想受到束缚——换个角度看，回避的特征可以解释为拒绝成长，不愿意承担起一个成年人应尽的责任。

当自己作为一个独立的存在但没有自信的时候，会觉得成为一个成熟的大人承担责任、进入社会工作、结婚生子等都是很大的负担。只有真正成为一个成熟的人之后，进入社会、和别人打交道、养家、照顾孩子等，才会从负担变成喜悦。

如果从小就被人灌输期待和责任，在压力下长大，这些就会成为沉重的负担，对于长大成人感觉不到喜悦和期待。就像从小订婚，长大感受不到喜悦，只能感到幸福的结束。

有的孩子从小就被迫像大人一样做不想做的事情，对于他们来说，拒绝成为大人也许是最后的抵抗。

第五章

回避倾向越来越强的现代人
——是适应还是进化？

环境会改变基因的作用

前面的章节就"人会嫌麻烦的根本问题"提出了回避型人格的概念，论述了产生这种状态的主要原因与回避型特别是与恐惧/回避型依恋有关，而且很多因素会导致情况变得严重，包括否定性的抚养和让人羞耻的经历、长期处于压力过大的环境中等。

这些因素在临床中也得到了证实，人们不得不承认近二三十年来，表现出回避倾向和回避型依恋的人都增加了，调研得出的数字也印证了这个结论。20世纪90年代，美国患有回避型人格障碍的人在总人口中所占的比例为0.5%~1%，出现的概率比较低。而在2001年—2002年的调查中，发病率为2.4%。到了2007年，这个比例上升到成年人的5.2%（Lenzenweger et al.,2007）。

对于回避型依恋没有进行大规模调研。根据20世纪90年代之前的研究，回避型依恋的比例在欧美国家大概有两成，而在发展中国家和地区这个比例相对较低。曾经的日本也不例外，1985年在札幌以满一岁的儿童为对象进行了调研，没有一例回避型，但是后来日本这一类型的比例也达到了欧美的水平。近年来相关组织面向大学生进行了调研，回避型大约有四成。

可见，各个群体都有存在回避型依恋的人，而且增加的人以年轻人为主，那就不是个别问题，而有可能受社会整体水平变化的影响。回避型人格障碍受遗传因素的影响较大，据推测约占六成。肥胖指数（BMI）中遗传因素的影响为77%，比回避型更高，因为营养状况变好而肥胖的人数急剧增加。如果说因为生活水平的变化导致有回避型人格的人数增加也并不奇怪。也许是因为社会环境、人们的生活方式、价值观等都发生了巨变，短短几十年间，不知不觉奉行"消极生存策略"的人数增加了。

近年来人们发现，环境变化不仅仅会改变基因的发展，还会使基因本身发生变化。

在了解这一点的基础上，我们再来举例看一下环境导致生存方式的不同，最终甚至导致基因水平和品种的差异。

爱家人还是爱自己，会产生不同的机制

在对依恋的研究中，有一个物种贡献很大，就是老鼠的好朋友田鼠。有一种草原田鼠，它们生活在美洲大草原上，因为家族之间联系紧密而有名，很适合作为依恋的研究对象。

草原田鼠一旦结为夫妇，至死都不会分开。孩子和父母之间的依恋也很强，父母稍微离开一点儿距离，小鼠就会尖叫。父母会建一个结实的窝共同抚养小鼠，一大家子一起生活。而另一种山地田鼠也是田鼠的一种，生活方式与草原田鼠就完全不同了。它们在简陋的巢穴中单独生活，只有在发情期才和异性交配，交配一结束就再也不会见面。母亲单独抚养小鼠，小鼠从未见过父亲，和母亲的关系也很疏离，母亲离开后，小鼠也几乎不会叫唤。哺乳期结束，小鼠就会被丢出巢穴单独生活，与母鼠形同陌路。

两种田鼠的生活方式截然不同，但它们的遗传基因水平

差别其实很小,是非常近缘的物种。为什么生活方式会有如此大的不同呢?研究人员经过大量研究,结果发现两者脑内受体的分布有显著差异。受体是传递信号的传达物质的接受者,传达物质到达受体就能传达信号。

受体传达物质有很多种,产生决定性差异的是一种名为"催产素"的激素(在大脑中作为神经肽工作)的受体,催产素正是负责依恋的激素,在大脑中发挥着重要的作用。它的作用是产生亲密感,提高社会性,减轻压力、焦虑、敏感等,让情绪变得宽容平和。对于维系关系和抚养孩子也会发挥非常重要的作用。

接收催产素信号的就是催产素受体。如果没有催产素受体,催产素就无法发挥作用。最近,催产素滴鼻剂开始普及,很容易买到,不过它的效果只是暂时的,没有中长期效果。给药不会增加受体,滥用催产素反而会造成受体向下调节(持续接受过度的刺激导致受体数量减少的现象),催产素的作用反而可能会恶化。同样,药物依赖和酒精依赖也会对产生快感的神经传导物质多巴胺产生同样的作用。

起决定性作用的是受体分布,那么草原田鼠和山地田鼠的受体分布有什么差异呢?在家族成员之间联系紧密的草原田鼠体内，大脑侧坐核区域受体分布很丰富，而山地田鼠几乎没有。

侧坐核是快感中枢，人会感受到快乐并且想做让自己快乐的事就是因为具备产生快乐的机制。兴奋会产生快乐，使用兴奋剂或者玩游戏的时候，侧坐核都会兴奋，如果侧坐核分布有丰富的催产素受体，和别人交往、发生关系、抚养孩子等让催产素分泌活跃的行为就会产生更大的快乐。有快乐作为回报，就会不厌其烦重复这些行为。即使没有兴奋剂也能和别人亲密相处、抚养孩子等，感受到活着的快乐。

可以这样解释：草原田鼠和配偶及家人在一起生活可以获得很大的快乐，所以能够维持亲密的关系；而山地田鼠无法获得这样的快乐，所以更愿意单独生活。

怎样的环境变化会导致回避型增加？

同为人类，有的人催产素受体丰富，有的人缺乏。影响催产素分布的原因是小时候的成长环境。得到抚养人悉心照顾的孩子受体就会丰富，催产素可以很好地发挥作用。

如果小时候缺乏关爱和照顾，就会导致催产素受体发育不良，结果就是无法从与人交往和抚养孩子中得到快乐，而更容易对直接刺激侧坐核的物质和行为上瘾，也就是会对赌博、药物、食物或者购物产生依赖，只有这样才能体会到生存的快乐。小时候缺乏关爱的人患依赖症和暴食症的风险更高，也是这个原因。

话题回到田鼠的例子，一起生活能够让草原田鼠产生快乐，所以它们愿意和家人维系关系；这种生活方式无法让山地田鼠产生快乐，也就无法让它们和家人之间保持长期的联系。

可能会有人说人和老鼠不一样，实际上无论人还是老鼠，依恋的机制基本上是一样的。该系统是哺乳类动物广泛共有的机制，并非人类特有，出现在田鼠身上的情况同样适用于人类。

依恋稳定的人和依恋淡薄的人之间的差异与草原田鼠和山地田鼠的差异存在某种相似性。人类的生活方式大体类似于草原田鼠，但近几十年间，选择山地田鼠型生活方式的人在迅速增加。回避型和分裂型的区别变得不明显，而有回避倾向的人身上表现出回避型依恋的情况在增加。即使在恐惧/回避型的案例中，回避的部分也在加强。整体来说，有回避型倾向的人数增加了。也可以说，现代人正在迅速鼠化。

为什么会发生这样的情况呢？到底是怎样的环境变化带来了依恋的淡化，也就是回避型化呢？

根本原因就是现代化的变化发展。现代化包含了形形色色的社会变动，由于产业化（工业化）、都市化以及资本的积累发展，人们的生活变得快捷方便。但是社会看似丰富了，其实是从春意盎然的草原变成了荒凉的山丘，人们为了适应如此剧烈的环境变化的结果，就是导致有回避型人格的人越来越多。

适应个人主义的回避型

社会的现代化不仅带来了产业化、都市化等社会结构性变化，同时还导致身处社会中的人们价值观、心理状态的变化，其中之一就是个人主义的渗透。在个人主义社会，个人的自由和自我实现被赋予了很高的价值，人们认为集体不应该束缚个人，不要说为了国家和故乡献出生命，更彻底的个人主义者甚至不会为了家人、配偶和孩子牺牲。

在一个社会中如果每个人都优先考虑自己，优先考虑别人的人就无法生存。为了生存只考虑自己，连家人也不会看得太重，这样的做法显然更有利。不重视家人的生存方式也许不利于繁衍子孙，但是对于个人主义者来说个人至上，子孙是否兴旺、家人是否高兴都没有那么重要，自己的幸福才是关键。

有些人也许会觉得这样的说法有些极端，但是现实生活中更极端的情况也屡见不鲜。最近，经常有人因为教育失败、孩子不断要钱的事情来咨询。孩子甚至会以自杀威胁父母，或者威胁父母不给钱就杀死他们。有的老人哭着把养老钱交了出来，有的老人举债满足孩子无理的要求，有的老人担心会有生命危险甚至连夜逃出家门。

事到如今，他们一定会悔不当初，后悔自己为什么要生下这样的孩子。

有的父母无法接受自己一直以来呕心沥血抚养的孩子变成这样而心灰意冷，不愿意再给孩子生活费，要和他们断绝关系，更有甚者还会对簿公堂，一分钱都不愿意留给他们，还不如收养一个听话的孩子让他/她继承自己的所有财产。

有人觉得与其这样还不如一开始就不要疼爱孩子，不要对他们抱有期待。

彻底的个人主义者即使是面对父母、子女，也可能会因为抚恤金和赔偿金而翻脸。对于父母来说，自己倾注了大量心血抚养长大的孩子也可能会忘恩负义，所以越来越不愿意冒这样的风险。

自己亲生的孩子尚且如此，形同陌路的夫妻就更不用说了，很多人甚至担心对方不知道什么时候会变成小偷。爱情的开始都是美梦，最后却变成了遗憾。有的夫妻结婚多年甚至有了孩子，但是一旦遭遇公司破产就会撕破脸皮争夺仅有的一点点财产，甚至连将来的工资都要算计。因为抚养费和抚恤金头疼的人也不少，有人连离婚时约定好的抚养费也不支付，导致很多单亲母亲不得不拼死拼活工作养大孩子。

回避型的生存方式是根本不期待别人的关心和温情，他们觉得，只要没有不切实际的幻想就不会遭到背叛。冷酷的个人主义下，社会像寒冷的山岳地带一样肃杀，想要适应并生存下来，不期待别人的关心和温情是最重要的。

经历的单一化和失去的主体性

主体意愿是在做感兴趣的事情的过程中一点一滴培养起来的。现在孩子的经历与以往相比越来越单一，问他们关心什么，得到的答案几乎大同小异。

有的孩子被父母管得很严，他们要花大量时间去补习、写作业，仅有的一点儿时间也花在游戏、动漫、网络视频上，生活中只有学习和看视频，几乎没有时间培养社会性或者深入研究自己感兴趣的事物。

到处都是一样的店，所有地方的孩子思考和行为模式几乎一样，这样的统一让人触目惊心。

现在孩子面对的东西看似多样，却只有外观的多样性，实际上他们接触新鲜事物的机会越来越少。产品和服务都被打包，经历也可以复制，不是真正的主体性经历。

另外，由于IT技术和新兴媒体的发达，人们被庞大的信息洪流裹挟，信息成了负担。在这种状态下，人很难有主体思考和行为，无法分辨哪些信息重要，很容易被偶然进入视线的信息左右自己的判断和行为。

如果长期处于信息过度的状态，就会出现无精打采和麻木的状态，连续看十五个小时电脑或者手机的人对此应该深有体会。新的兴趣或者欲望最终都会消失，如果一直持续，不难想象会发生什么。到了中年对现实问题感到无力的时候，人们经常会沉迷手机，越来越希望借助IT媒体逃避现实，最终却陷入泥沼不能自拔。

人类的大脑有着高度发达的信息处理装置，在信息革命前后难免受到完全不同环境的影响。

回避性和心理性的过敏

有时候说不出具体原因，就是觉得上学麻烦、没有意思。对学校产生了心理上的过敏反应，称为"学校过敏"或者"学校恐惧"。有这种反应的人也能去学校，但还是希望可以尽量避免，不知不觉中行为就被控制了。即使自己勉强去了，也会越来越痛苦，最后就会经常旷课。

很多人坚决不肯去学校，而打工就没有问题。这种状态不是对集体过敏，只是对学校过敏。

对学校过敏的人来说，上学的时候是最痛苦的，甚至有的人一离开学校，人生马上就会出现转机，甚至大放异彩。

从回避现象角度来看这种情况，可以理解为心理上的过敏。虽然没有心灵创伤引起的恐惧症那么严重，但是内心会有不愉快和抗拒。就像花粉过敏症患者越来越多，很多人也越来越容易心理过敏。为什么心理过敏体质的人会增加呢？

过敏是指由敏感现象引发的、对某个抗原生成抗体而导致的过度防御反应。如果对于不应视为异物的东西也发生了过度的异物识别，就有问题了，过度的异物识别就是敏感。

在什么情况下会发生敏感呢？一个已知原因是接触抗原越多，越容易发生敏感。如果不是特定花粉的飞散增加这么多，人们不会对杉树、扁柏过敏。只是偶尔接触不视为对异物反应过度，可是如果接触频率过高就容易发生异物反应。

还有一个原因就是作为屏障的防卫机制变弱而被突破的时候容易发生过敏。具体说就是如果皮肤受伤，下层的真皮层直接接触外部物质，有时就会引发特应性反应；在胃的消化功能不良的时候，摄入的食物进入肠道，是导致食物过敏的原因。

这一原理也适用于心理过敏。如果在学校承受的负担适度，发生排斥反应的风险就会很低。而如果负担过重，在学校的束缚感太强，就容易发生排斥反应。

把他们逼到这种境地的就是受伤害、失败的经历。心灵的"表皮"受到伤害，没有防备的"真皮层"暴露出来，不愉快的经历无法排解，郁积在心里，敏感的风险就会进一步增加。

无菌室化导致越来越多的人过敏

如果是"学校过敏",到了不需要上学的年龄这个问题就迎刃而解了。而很多案例是重度回避的情况,他们对人类就有排斥,很难适应社会,虽然也想和人接触,但是一接触就会发生不愉快的排斥反应,这种逃避的状态可以解释为对人类发生了过敏反应。

近年来过敏的人数急剧增加,主要原因是过于清洁的环境。从小就生活在这样的环境中,抑制过度的免疫反应的机制并不发达,就容易出现过敏。而生活环境中有杂菌或者家畜粪便、寄生虫反而不容易发生过敏,适当感染霉菌习得共存的方法,比起一味追求无菌室状态更有利于生存。

以前,一大家子人挤在一起睡司空见惯,现在的孩子从小就有自己的婴儿床、儿童房,没有机会和其他孩子一起玩,几乎处于无菌状态,在这种环境中长大的孩子很容易把别人视为异物。

小时候通过接触抑制免疫功能的机制被称为"免疫宽容",而现在没有对人类形成免疫宽容的人越来越多。相当于免疫宽容的机制正是依恋,没有充分形成依恋而不得不进入社会的人,很容易被人类过敏所折磨。

社会的无菌室化、彼此接触不足的人际关系的无机质化,会导致依恋机制无法很好地发挥作用。这样的变化不仅日本有,全世界都在发生。

第六章

怎样和有回避倾向的人
顺利交往?

如果下属有回避倾向

年轻人的回避倾向越来越强，公司中这样的人也越来越多。工作积极的上司看不惯他们，觉得他们缺乏干劲儿，不满情绪越积越多，最终会爆发，甚至严厉训斥他们。但是这种常规做法一般都会导致事态恶化，很多时候会让年轻人一蹶不振，甚至会辞职。

有回避倾向的人觉得责任、期望或者压力过大时，很容易崩溃，因此最重要的是理解他们。有的人能力很强，有着独特的行业敏感性，善加安排，能发挥他们独特的作用。

在当今这个时代，不能用好有回避倾向的人，就不能说知人善用。在销售部门中会有不少体育会系的人[1]，或者自信

---

[1] 指属于以体育会为中心的课外活动团体的人，或有那种气质、性格的人的总称。——译者注

满满的人，而在技术类或者专业性强的部门，有回避倾向的人反而是主力，把他们排除在外无法开展业务。如何用好有回避倾向的下属，让他们发挥出自己的能力，很考验上司。

那么上司需要注意哪些问题呢？

最重要的就是不能突然给他们增加责任和负担。对于有回避倾向的人来说，即使还有余力，对于突如其来的责任和负担也会感到很不安，担心自己无法承担，会感到痛苦甚至想逃离。

他们更愿意维持现状，只要听到必须适应新事物，就会感到不安，想要逃避，觉得自己不可能做好。

反过来说，他们对于继续做已经习惯的事情、维持现状等不会抗拒。有人觉得每天重复单调的事情很痛苦，而他们不会，愿意坚持做下去。即使一开始没有自信，一旦习惯后就会做得很好，也很少有人会三心二意或者腻了之后甩手不管。

自信甚至自恋的人，或者喜欢挑战新事物、喜欢探索的人，他们性格活跃、学东西很快、成绩突出、很博人眼球，但是对工作熟悉后会马上失去热情和耐心，觉得无聊的话甚至不愿意继续忍耐，又把目光转向新事物，像台风刮过一样留下一地狼藉，周围的人还要给他们收拾烂摊子。

有回避倾向的人学习、适应都需要很多时间，看似效率不高，其实正相反。看着表现不突出，一旦学会之后就会踏踏实实地坚持下去。他们突然进入新环境会担心风险，感到焦虑，觉得维持现状是最安全的，只要不威胁到他们的安全，和他们打交道很容易。

也许别人会觉得他们没什么存在感，无功无过，可是从长远来看对工作却是有利的。而自我主张感强、存在感强的人，虽然很有能力，但也会有不好的一面。周围的人嘴上称赞他们，可是心里会很厌烦，希望他们赶快消失。有时还会出现势不两立的情况，导致组织发生变动甚至分裂，从长远来看，风险反而更大。

在这一点上有回避倾向的人基本上是人畜无害的，虽然他们有的时候不能依靠，但是不喜欢冲突和摩擦，很少有树敌的风险。即使树敌，也只会自己离开，并不可怕。而且不善言辞，也不会桀骜不驯。很多人专业能力很强，又不愿意在社交上花时间，可以把时间用在工作和自己喜欢的事情上。

对于这一类型的人来说，让人舒心的职场环境很有吸引力。他们看重自由的氛围，如谷歌等新型公司的成功正是因为重视员工的主体性，并根据这样的新颖构思打造了相应的职场环境。

从这个意义上看，对于有回避倾向的人来说，动辄对下属发火的上司是最糟的。很多有回避倾向的人对于别人的怒吼会表现出强烈的排斥，他们本来就讨厌争论，对方不克制情绪会让他们更不愉快。容易感情用事的领导已经过时，不适合现在的职场了。

在安排工作的时候很难避免增加负担和责任，那么怎样才能做到不让他们感到负担和压力呢？

首先就是不要强迫他们，要尊重其本人的主体性。不能直接要求他做，可以询问他们要不要试试，或者告诉他们如果他们愿意做的话就太好了，给他们留下拒绝的余地，留好退路。有回避倾向的人对于和别人商量事情很头疼，很多人遇到困难会自己想办法，最后经常走投无路。一定要让他们知道，有困难可以和领导商量，领导会做他们的后盾，他们只要尽力而为就好。

这样更容易减轻他们的压力，让他们发挥出真正的实力。

如果要求他们必须负起责任、想方设法完成，会让他们崩溃。而应该告诉他们，有问题自己会负责，让他们无后顾之忧，集中精力把工作做好。

负担和责任增加的时候不要操之过急，多花些时间慢慢推进会更好，欲速则不达的原则尤其适用于他们。不要让他们自己承担过重的责任，由团队一起承担也是一种方法。

有些上司热衷于活跃公司内的交流、提高沟通能力，喜欢让员工发表演讲，甚至拆掉办公桌的挡板，将办公室做成开放式的格局。对于有回避倾向的人来说，这些做法只会让他们徒增痛苦，对公司的印象更差。早会上必须做的一分钟演讲会让他们厌恶甚至辞职，一分钟演讲和技术能力毫无关系，享受社交能力训练的人根本不需要接受训练，而真正需要训练的人只会感到痛苦。

如果上司有回避倾向

现在有很多上司有回避倾向。对于有回避倾向的人来说，承担责任、担任领导职务都很让人头疼，有时候他们并不适合当领导。但也未必都是劣势，首先，有回避倾向的上司不喜欢冲突和对立，所以很少会感情用事，大吼大叫，与动辄发火、随意责骂下属、自恋、喜欢用权力骚扰下属的上司相比，和有回避倾向的人相处的压力会小很多。他们会反思自己，愿意倾听下属的意见，不会一意孤行。

有回避倾向的上司，其最大的问题是不想自己承担责任，不擅长自己判断、决定，遇事总是一拖再拖，无法及时做出决断，他们会让下属判断或者处理，甚至经常把责任推给下属。

对于新的尝试和挑战也很慎重，他们总是盯着失败的风险和负担，只想维持现状。不愿意勉强自己，于是就会拖延，缺乏灵活性和积极性。

如果下属没有工作积极性,就会觉得压抑,有劲儿使不出。

那么下属应该怎样做呢?说服有回避倾向的领导最大的理由(动机)就是解决他们的不安,想避免不安,逃避新的负担和做决断。想要上司愿意挑战新事物或者做出决断,就需要提出更大的不安,让他有危机感,觉得拖延下去很危险,只有更大的不安才能让他做好心理准备去面对现有的麻烦。告诉上司继续拖下去容易出问题,不马上处理的话将来会有更大的麻烦,他也会有责任。提到将来的危机时要说得含糊,加上"责任""负担""麻烦""难对付""让人头疼""严重情况""争论""危机""诉讼""纷争""情绪对立""担心""畏惧""危险"等这些词,通过表情和态度让他体会到不安和畏惧。也可以尝试保持沉默,让对方抓不住话柄。

有时候要求对方做出判断并回答也是一个方法,但注意不要太直接,"您不马上做出决断我会很为难的"——这样的说法会让他不快,最好以确认的口气询问对方。

对方可能会说你反应太大,要再等等,以此争取时间,由此可以再次向他确认是否有问题,让他思考。有回避倾向的人讨厌被迫承诺或做出保证,会含糊其词,"我也没说没问题,但是这种情况无法马上做决定"。

不要继续逼迫他,可以表示自己知道了,会按照他说的做。循序渐进,慢慢就会看到效果。总之,有回避倾向的人非常焦虑,很担心被下属指点,担心自己有责任。如果下属告诉他不会有麻烦或者不是他的责任就不会担心了,他很快就会主动询问下属应该如何应对。

如果恋人有回避倾向

有回避倾向的人没有自信,总觉得自己一定让人讨厌。所以,即使有人对他们表示好感,他们也无法主动回应,这份好感最后往往无疾而终。这种温暾的态度会让对方感到失望,觉得他们根本不喜欢自己而离开的情况也很常见。

有回避倾向的人和一个人建立恋爱关系的前提是对方主动表示明确的好感、提出邀请,如果确定对方会接受,也会自己主动告白、邀约。但是不确定性更强的时候,就会非常谨慎。如果没有一方鼓起勇气发展关系,两人就只能永远维持现状,一直做朋友。

双方都有回避倾向很难走到谈婚论嫁的程度,但是青春真的很伟大,性动力会创造出让骆驼穿过针孔的奇迹。

两人都有回避倾向也有好处,虽然两个人都迟迟不肯迈出第一步,但是有回避倾向的人很抗拒轻易换人,所以很多人对于熟悉的人会继续耐心等待。

以《挪威的森林》为代表的纯爱故事的主人公基本都是回避型人格，性对于他们来说是沉重的负担，有时候更愿意维持柏拉图式的关系，对于和新的对象熟悉并建立关系非常抵触，即使在恋爱中也更愿意维持现状。

经历几次约会，度过快乐的时光，按部就班地发展，这是一般人的想法，却并不适用于有回避倾向的恋人。他们根本不想进行到下一步，有的人约会但是并没有身体接触，或者发生关系，更不愿谈论结婚生子的问题。有回避倾向的人觉得与对方接触越多责任越大，这会成为他们的心理负担。

闲聊的时候兴致很高，但一到关键问题就会逃避，对方根本猜不透他们在想什么。

也可以逼迫他们做决定，但是有回避倾向的人可能会感到害怕，甚至逃跑。让他们完成任务的方法就是一点一点积累既成事实，习惯这样的关系。最好不要让他们意识到结婚或者生孩子是很大的责任，也不能突然提出结婚，而应该在交往或者同居期间让他/她对两个人的关系习以为常。

这些做法可以让有回避倾向的人在不知不觉间战胜对于新的不安和责任的恐惧，习惯之后他们就不愿意失去，希望维持现状，因为这样会让他们更安心。也有的人始终无法跨越最后一步，但是如果对方要放弃，他们就会不情愿地开始主动。

要孩子的问题也是一样。想等到有回避倾向的人自己提出想要孩子，只能等到天荒地老。很多人说自己不太想要孩子，一旦有了孩子之后也会改变。一开始会觉得为难、别扭，因为无法回避而不快，在不得不参与孩子的养育过程中会面对现实，适应之后反而会愿意维持这样的状况。

有回避倾向的人对于将来的不确定性非常不安，一般人难以想象，但如果既成事实无可逃避，就会无奈地面对现实。

如果伴侣有回避倾向

选择有回避倾向的人做伴侣的人数也在增加。有回避型人格的人对于亲密和关心的表现比较克制，所以对于被爱需求强烈的人来说，他们会对配偶感到不满。因为他们很少表达自己的感受和想法，虽然不会有对立或冲突，但是无论对方说什么都没有反应，会导致对方不满。

对于喜怒哀乐丰富、表现欲强烈的人，有回避倾向的人会觉得很吵闹，对方越是热心，越容易让两人之间产生温度差，觉得对方无法和自己共情。

配偶遇到困难却得不到另一半的帮助的情况往往会成为分手的导火索。配偶忙得焦头烂额，或者苦不堪言，对方却好像一无所知，只想着自己。在配偶看来，他们太自私了，一点都不体贴别人。但是表达不满容易让事态更恶化，有回避倾向的人讨厌麻烦，如果被迫面对，会觉得自己被剥夺了自由，甚至感到生气。也就是说，对方越是需要帮助的时候，他们非但不会关心，反而会因觉得对方给自己找麻烦而生气。

做家务和带孩子在他们看来就是麻烦，所以他们不会体谅对方，而是希望对方一力承担。和邻居或者亲戚交往也是。有回避倾向的人不想和人交往，工作或者其他问题都想推给对方，这也是让对方不满和不耐烦的原因。

有时候即使和他们推心置腹谈这些问题，他们依然无动于衷，甚至反咬一口。

怎样才能让有回避倾向的配偶参与做家务、带孩子呢？重要的还是掌握习惯化、日常化的原则：确定分工和责任，让他们养成习惯，每天重复。开始的时候他们也许会抱怨，但是一旦习惯之后，不需要特意提醒也会主动去做。别忘了要若无其事地感谢、表扬他们，效果更好。

有回避倾向的人并不是稍加训练就能成为有眼力见儿的人，他们还是会觉得麻烦，无论做什么，都不可能发自内心地享受。

所以，不能期待有回避倾向的对象成为满分的父母，如果期待他们成为和其他人一样的父母、配偶，会让他们感到沉重的压力，甚至干脆甩手不管，因此能达到三四十分就可以了。

如果孩子有回避倾向

有回避倾向的孩子对于失败和批评会感到强烈的不安和紧张，他们的软弱和逃避会让周围的人火冒三丈，恨铁不成钢。

而对于处在这种状态中的孩子，压力太大会让他们觉得无路可逃，陷入恐慌。面对自己无法控制的事态容易失控，对于不安和压力产生过敏。

回避倾向太强的状态下需要的是随时可以逃避的保证和安全感，碰到问题不会轻易逃避，这样会更容易有勇气尝试面对困难。

很多人也很清楚避风港能提高安全感，但是有时候一面对孩子就忘了。就像把弱小的、无力的孩子扔到海里而且不给救生圈一样。孩子只有知道自己肯定不会溺水，才能学游泳，被扔到海里的孩子非但不能学会游泳，甚至再也不敢靠近水。

和有回避倾向的孩子接触时应该注意一个问题，他们的主体性很容易受到侵害，如果自己想做的事情没有得到肯定和支持，反而被否定，就会被迫放弃。而父母还要强迫孩子做自己希望他们做的事情，结果就是他们会放弃自己的爱好和理想，最后甚至连理想也没有了。想要让这些孩子找回自己的理想，需要时间和过程。必须重建环境，让他们可以做自己想做的事情。

这个过程不需要父母或者周围的人指导，正好相反，只要别人不再多嘴，才能真正开始。

第七章

让有回避倾向的人
轻松的生活方式

有回避倾向的人适合哪些工作？

每天在固定的场所做固定的事情，最好避免过强的刺激或者过多的感情交流，这样的工作适合有回避倾向的人。以解决纠纷或者和人打交道为主的工作对于有回避倾向的人来说压力过大，有竞争或者需要承担指标的工作、需要能够迅速做出判断或应对的职业也不适合他们，他们连打一个电话都要犹豫再三。能够专心做自己分内事情的工作比较适合他们。

举例看一下有回避倾向的人适合哪些工作。

（1）专业资格类

法律方面的工作除了负责解决纠纷和打官司的律师之外，还有主要负责制作文书、办理手续的司法书士和行政书士，日本的法律职业制度是从证书人、代书人、代言人制度开始。现在的司法书士相当于代书人，是一种民间法律职业。行政书士是代理个人或企业法人同政府部门打交道，处理登记、报批、办理执照、项目审批等业务的职业[1]。土地房屋调查员、社会保险劳务员等类型更适合他们。税务师、宅地建筑交易师等类型要求具备和顾客交涉的能力，不太适合他们。

不同专业领域的医生承受的压力大不相同。有回避倾向的医生适合皮肤科、眼科等不会威胁到生命安全的科室，药剂师的工作也很适合。理疗师的工作很大程度上可以自己把握节奏，也适合他们。临床检查技师、语言听觉师、眼镜师等医疗类的工作内容按照流程操作即可，不需要迅速做出判断，一般来说职场中人际关系也比较简单，也是适合他们的工作。

（2）公务员

不久以前，公务员对于有回避倾向的人来说是最安全的，而近年来因为裁员和工作效率化的要求，政府企业开始

---

[1] 指从事此工作的法律工作者。——译者注

和民间企业一样发展，有的地方忙得不可开交。很多人本来看重这份工作的稳定和慢节奏，现在却要求有比以前高十倍以上的效率，不少考上公务员的人又辞职了。

节奏比较慢的是专业岗位公务员，虽然也比以前忙碌，但是比起三四年就会变动的一般工作来说，能一直在一个环境中工作，对于难以承受环境变化的有回避倾向的人来说是很适合的。公务员的工作是为了提高公共福祉履行职务，不需要考虑销售额、利润、是否受欢迎等，对于不擅长赚钱和竞争的有回避倾向的人来说，有适合的一面。

（3）事务性工作（经理、总务、法务、物品管理者、设备设施管理者等）

很多有回避倾向的人会从事办事员等事务性工作。虽然统称为事务性工作，工作方式却有很多种。接电话或者接待顾客等较多的前台事务类工作不适合有回避倾向的人，他们不擅长和不认识的人打交道，会很紧张，态度也不够和蔼。事务性工作无法避免要接电话和接待客人，但是如果上述工作内容所占的比例较小，而以案头工作或者电脑操作为主的类型适合他们。

从这个意义上来说，会计事务和设备设施管理的工作比较适合他们，每个月都重复同样的业务。特别是会计事务，积累一定经验后就可以得心应手。如果公司人际关系复杂不想继续干了，也很容易换工作。从这一点上来说，这个工作值得向有回避倾向的人推荐，而且很少会有人因为无法胜任工作而受到指责，会计事务工作适合受不了批评的人。

无论是哪种情况，掌握在其他领域通用的技术，有能力今后在社会中生存下来才是最重要的。

（4）技术性工作（技能工作者、手艺人、现场技术者等）

很多技术类工作适合他们。比起热衷社交，踏踏实实做好工作更容易得到上司的赏识。社交型的人健谈，经常高谈阔论，但是运气不好的话容易祸从口出惹出麻烦，和同事产生矛盾甚至辞职，所以未必会被上司看好。而有回避倾向的人虽然表现没有那么突出，可是不会耍嘴皮子，工作勤恳，让人感觉更可靠、更值得信赖。雇佣一方深谙这些道理，因此有回避倾向的人不需要勉强自己左右逢源、和同事打成一片，只要把握好交往的分寸，集中精力踏踏实实地做好工作即可。

技术类工作是为技术支付工资，员工如何稳定地发挥技术是最重要的。即使不善社交，只要技术过硬就不会有问题。和大家保持步调一致不被孤立，保持必要的联系即可。和周围人的关系越淡，被卷入纠纷的风险也就越小，这样可以有更多的精力提高技术。

掌握有用的技术非常重要，但是有时候在学校不容易学到。自己要时常留意搜集相关信息，在真正有用的技术上投入时间和金钱。当然，本人是否感兴趣也很重要，如果是自己完全没有兴趣的领域，一般来说很难做出成绩。

（5）销售类

如果没有特殊的技术、资格或者经验，销售类的工作也是一个选择。一般说来，有回避倾向的人对于销售类的工作会觉得头疼，但是有人却出人意料地做得很好。成功案例是他们对销售的商品或者服务非常感兴趣。很多这一类型的人兴趣并不广泛，比起不断挑战新事物，他们更愿意长期做一件事，在该领域深耕，由此在自己关心的领域中获得的知识和品位往往可以让他们在工作中游刃有余。

有一位女性性格很内向不擅长交际，她很喜欢一个品牌的衣服，去店里的时候和店员相谈甚欢，对方问她要不要在店里打工。

此前，她没有在外面工作的经验，一开始很犹豫，但是每天工作的时候能被自己喜欢的品牌包围对她有很大的吸引力，有生以来第一次她自己做了决定，决定在店里工作。这给予要步入社会自立的她很大的自信。

还有一位男生，原来在咖啡行业工作，但因无法承受来自上司的压力，劳动强度又太大，导致恐慌症发作，所以辞去了咖啡馆的工作，转做其他工作。但是每天都很无聊，负担虽然减轻了，精力却没有恢复，恐慌症还在继续。

对于他来说，唯一的享受就是喝咖啡，他经常会去咖啡专卖店买咖啡豆。一来二去和店长熟悉起来，两人聊天的过程中，他的人品和掌握的关于咖啡的渊博知识深深吸引了店长，于是邀请他来店里工作。男子担心自己做不好接待顾客的工作，最初犹豫不决，店长告诉他放轻松就好，让他下定了决心。此后，他果然成了店里的销售冠军。

（6）操作员（工厂、仓库、设施、现场、管理等）

没有专业技能或者经验的人也可以选择操作员的工作。工作认真仔细是他们的优势。但是这些地方的负责人往往是常年在此工作并把自己当成主人的人，她们往往是能说会道的阿姨。对于有回避倾向的人来说，有时候也会很辛苦。不过把自己当主人的人也好，阿姨也罢，都是刀子嘴豆腐心，有回避倾向的人拘谨，他们一般会很亲切，和他们和睦相处的秘诀就是礼貌、客气。

对于喜欢整理东西的人来说，设施的维护管理、物品的在库管理之类的工作也很适合，需要处理的人际关系比较少，工作的范围也很明确，习惯之后很容易胜任。

（7）研究类的工作

以前人们总觉得研究类的工作是在象牙塔里，对于有回避倾向的人来说是很舒适的。但是现在研究类行业的竞争也日益激烈，经常要面对领导的压力，还需要拿出成果。研究成果发布、电话会议、现场会议、讲课等，很多场合必须在众人面前发言，还要面对尖锐的批评。这些虽然很锻炼人，但是也导致不少人患上抑郁症或者其他身心疾病。

如果有热情研究自己感兴趣的领域，这个工作就很有意义，可是如果这份工作是当作逃避的选择，就不是轻松的工作了。

（8）自由职业

有回避倾向的人终极理想就是不工作，其次就是可以在属于自己的地方自在地工作。作家或者个人企业主等自由职业没有办公场所和时间的束缚，没有上司、会议带来的烦恼，可以在自己的地方按照自己喜欢的方式工作。

但是如果有顾客的话必须自己想办法，不能像在公司一样拜托别人，这一点并不适合有回避倾向的人。很多人只看到了这个工作的好处，把它理想化了。

想从事自由职业，需要能独当一面的专业技术，还要保证客源。直接从事自由职业会很困难，尤其是有回避倾向的人不擅长和人打交道，过早从事自由职业可能会导致圈子越来越窄，乃至和社会脱节，越来越孤僻。所以，即使有回避倾向的人最终目标是从事自由职业并独立谋生，也不建议过早开始，最好还是先走入社会，多积累一些经验为佳。

与嫌麻烦的人做互补的伴侣最合适

适合有回避倾向的人的伴侣大致可以分为两类。一类是和他们一样有回避一面的人，比较克制，会尊重本人的节奏，不会给他们太大的压力，优先考虑安全感。两个人都不是社交型，会以家庭为中心，对于本人来说非常舒心。配偶和本人相比有一定的社交性，但也不是在外积极社交活跃的程度，他们以家庭为重，更愿意为了家人奉献。

另一类是在回避方面和他们完全不同的伴侣，和本人形成鲜明对比，他们在外面很活跃，社交能力强，愿意表现自我。这一类型的人选择有回避倾向的人做伴侣的原因就是希望可以自己做主，两个强势的人想法容易有冲突，很难共处，一强一弱反而容易相处。

但是有利就有弊，他们有时候会对伴侣的回避感到不满，要求对方更积极地发挥自己的能力，鼓励他们，给他们施加压力。这样做可能会让对方的活动范围扩大，但也可能让他/她感到不堪重负。

如果有回避倾向的人选择的伴侣是与自己完全不同的人，家庭的主导权往往掌握在其伴侣手里，自己则会渐渐被伴侣控制。生活中主角是其伴侣，自己在家里也会有疏离感，无法放松。

婚姻幸福的家庭很多是因为伴侣补足了本人嫌麻烦的缺点，担当了秘书、经纪人的角色。开始伴侣愿意这样做，夫妻关系也很好。而一旦伴侣厌倦了这样的角色，想优先考虑自己的时候，另一方就会开始翻旧账，有回避倾向的人对于伴侣就会产生不信任感。伴侣希望对方自立，也会让两人之间慢慢出现裂痕。

有的家庭伴侣愿意一如既往地奉献、支持，能让对方找回自信，产生确定的信任感。有回避倾向的人为了维系家庭，也会去主动面对麻烦而不再逃避。

单相思更轻松?

有回避倾向的人也想谈恋爱,但是又觉得性和婚姻负担过重。恋爱还好说,一谈到婚姻的话题就有了现实意味,有的人会突然态度冷淡,觉得对方很烦。

有人会下意识地拒绝恋爱发展为婚姻,只热衷于不会有结果的恋爱。梦想着《高岭之花》一样的恋爱、单相思,可能就因为这种意识的诱导在起作用。他们下意识希望恋爱不会有结果,如果阴差阳错可能要修成正果的话,他们就会逃跑。

本人也会感叹自己的恋爱都是单相思,其实他们也许无意识地希望避免恋爱成功,没有结果的恋爱可以让自己不需要面对恋爱中的麻烦。也有的人会憧憬遥不可及的对象,比如只喜欢已婚生子的对象,就可以起到免罪符的作用。把喜欢藏在心里,不期待更进一步的发展,只要可以继续想着对方就知足了。

纯爱小说中好多单相思的故事就是因为这个,如果成功了反而让人头疼。

勃拉姆斯型的单相思

作曲家约翰内斯·勃拉姆斯谱出的美妙旋律至今仍然颇受人们喜爱,但他也因为无果的恋爱而痛苦不堪。而我们梳理事实就会发现,没有结果也是他的期望。

勃拉姆斯二十五岁的时候经历了第一次轰轰烈烈的恋爱,那个时候不是单相思,双方甚至已经发展到了互赠订婚戒指的阶段,一切都很顺利。女方二十三岁,是哥廷根大学教授的爱女,有着美丽的黑头发和眼睛,无论外貌、性格或者家世、教养,都无可挑剔。

到了快结婚的时候,勃拉姆斯又开始瞻前顾后。他给对方写了一封信,措辞很委婉,说自己对婚姻没有信心,虽然很爱对方,却不想被束缚。而且他不敢自己提分手,信里是这样写的:"我抱着你,吻着你,爱着你,你告诉我,我是否应该回来,请马上回信。"可想而知对方的失望和愤怒,如他所料,对方果断送来了分手信,取消了婚约。其实,这正是勃拉姆斯内心的期望。

　　勃拉姆斯和作曲家罗伯特·舒曼的妻子——钢琴演奏家克拉拉·舒曼的恋爱也很有名。克拉拉比勃拉姆斯年长一轮有余,还带着八个孩子,勃拉姆斯说只有克拉拉是自己的真爱,而和她的世纪之恋,也暴露了勃拉姆斯的问题。丈夫去世后,克拉拉恢复单身,勃拉姆斯和克拉拉的感情也迅速降温,两人最后成了朋友。

同样是"回避",差异却很大

这里需要注意一个问题,虽然回避型人格和回避型依恋都叫"回避",却有着很大的不同,特别是面对恋爱和婚姻时差异更明显。回避型人格的人其实渴望亲密关系,只是因为他们对自己没有自信,害怕被人讨厌,所以对于关系深入发展会排斥。而一旦建立亲密关系,他们就会向倾心的对象撒娇、表明心意。

回避型(依恋)的人依恋感很淡薄,也不太想和别人建立亲密关系,即使发展成恋爱关系、一起建立家庭,也很少能真正表明心意或者向对方撒娇,对方遇到困难时也漠不关心,只做自己的事情。房事上也是,需求很淡薄,或者只想满足自己,讨厌对方提出要求。

也就是说,回避型(依恋)的人更难与别人建立心意相通的关系。而回避型人格在人际交往中过于胆怯,想发展为亲密关系需要很多时间,对方难以了解他的真实想法,而一旦发展成亲密关系，也能够推心置腹。但如果是回避型，他们本来就不太懂体谅别人，对方越是希望得到体贴和共情，他们越逃避。

现在回避型的倾向普遍加强，回避性很强的回避型人格的情况也不少。有的人不愿意付出感情，对配偶漠不关心，却抱怨别人不爱自己，以别人难以理解的方式表达不满，很容易闹别扭。

星新一的例子

有回避倾向的人怎样才能过好自己的生活、活出自己的魅力呢？本章的后半部分我们来看两个人的情况，考虑一下关键问题是什么。

以"Short Short"[1]的超短篇形式创作出独特作品的作家星新一（原名亲一）可能就是一个回避倾向很强的人。以下通过最相叶月的评传《星新一 创作1001个故事的人》回顾一下星新一的成长经历。

作为一个作家他闻名遐迩。其实如果不出意外，他本来应该成为第二代社长。他年轻的时候也的确担任过一个上市公司的社长，他的父亲星一是星制药的创始人，称得上是励志故事中的传奇人物。提到星制药，可能有人一下子想不

---

[1] 是日本小说家星新一开创的SF微型小说体裁。——译者注

起来。在战前的日本,星制药和武田药品、田辺制药三足鼎立,特别是星制药的零售链(星链)遍布日本的大街小巷,几乎无人不知。

星一充分利用星制药的知名度,把自己打造成一个非常活跃的政治家。在战争时期,如果没有大政翼赞会推荐是很难当选议员的,而受到政府关注的星一做到了。战后他在参议院(全日本区域)的选举中胜出,当选了议员。

他的生命力很顽强,总能绝处逢生。有一次他从中国坐飞机回日本途中,飞机在鸟取县的冲合坠落,一起搭乘飞机的好几个军人落水丧生,星一却从飞机中逃了出来,在海里奋力挣扎,最终被一艘渔船所救,死里逃生。支撑他的正是他极度缺失的乐天精神,他的口头禅就是"我是一定不会死的"。(出自《老爸》[1]一文,收录于《淘气星的笔记》[2])

星新一有一位伟大的父亲。他出生的时候父亲已经五十二岁了,母亲三十岁。父亲星一是初婚,母亲是森鸥外

---

[1] 原文章名为「おやじ」。——译者注
[2] 原书名为『きまぐれ星のメモ』。——译者注

妹妹的女儿，是二婚。

在他父母结婚前不久，星制药因为政敌的陷害陷入困境，星一也卷入某个事件被起诉，经营越来越困难，最后公司在星新一很小的时候破产了。星一却没有放弃，他坚持自己无罪，并为了公司的重建四处奔走，已经差不多要成功了，但是很快爆发了太平洋战争。

星制药的复兴是他们一家人的夙愿，长子星新一就背负着这种压力长大。导致情况更严重的是祖父母的溺爱，而且在他之后弟弟和妹妹相继出生，他的成长过程中"没有感受过母亲的温暖"。（出自《星新一》）星新一少年时期根本不知道应该如何向父母撒娇，帮他排解这种寂寞的是睡觉的时候一直抱着的一个毛绒熊。

父亲星一受到很多人敬仰，声望颇高，但是他不太懂怎样爱身边的人。他曾经留学美国，是一个理性主义者，不擅长表达感情。教育方式也有些极端，如果孩子成绩进步，他就会表扬他们，用钱奖励他们，而当时那个年代人们是不赞成给孩子钱的。

星新一小时候家里不允许他和附近的孩子玩，甚至和弟弟妹妹也很少接触，他的童年时期是与世隔绝的、孤独的，所以星新一几乎不表达自己的想法。虽然后来他成了一位作家，但是当年他的作文成绩不太好，也是因为他不擅长表达自己的心情和感受。

而星新一用自己独特的方式和别的孩子打交道。小学时候的他转头的速度很快，经常表演给别人看，还会在班里发表一些奇谈怪论，逗大家笑、吓唬他们。他很擅长这些，以此得到了周围人的关注。

星新一就是这样一个孩子。他不知道怎样自然地和其他孩子打交道，经常会扮演滑稽有趣的存在，做出奇怪的举动，希望以此获得周围人的尊重。这些特性决定了他后来独特的写作风格，不写感情，而用独特的构思征服读者。

懒散的学生时期

星新一很不喜欢集体生活,希望按照自己的想法去生活。他不愿意被规则束缚,青春期却遭遇了日本的军国主义时代,这对于他来说是一个巨大的考验。虽然不得不参加军训,他也尽量找机会偷懒。战争的气氛一天比一天浓厚,被征召入伍只是时间问题,但是他希望尽可能不去。为了逃避征兵,他过度使用右眼企图让视力恶化,希望因为视力不合格而无法通过征兵检查,就可以免除服兵役了。

然而计划赶不上变化,军队因为兵源不足而大幅降低了征兵检查的标准,星新一也通过了乙种标准,被征召入伍。他是理工科学生,可以暂缓服役,不过不能继续上学,而是被动员每天在军需工厂工作。

他和周围叫嚣"一亿玉碎"[1]的氛围格格不入,对于劳

---

[1] 二战时日本军国主义的口号,当时日本有一亿民众,要让日本民众全部都加入战斗,鼓吹民众宁愿全部战死也不投降。——译者注

动动员也很懈怠。星新一小学就认识的朋友后来回忆原因，"他说这些根本没用"（出自《星新一》）。已经觉醒的现实主义让星新一理解了父亲，只是他缺乏父亲那样的热情，他更理智。日本终于战败，战争结束，他不觉得悲哀，反而觉得安心。

考虑到星制药的将来，星新一进了农学系。星制药有很多生产网点设在外地，比如中国等地，星制药在战后产生了巨额的损失，抗生素的开发也远远落后于竞争对手。为了能多少挽回一些劣势，星新一进了农学系。当时有人从锈蚀和土壤的细菌中发现了抗生素，提取精制技术成了左右制药行业未来的课题。

作为一个学生，星新一也是很懒散的，经常不去上学，实验也拜托关系好的同学帮忙。不过这也不全怪他，父亲是国会议员，他作为父亲的秘书经常要去国会，作为父亲的左膀右臂，必须认真处理好父亲交代的事情。父亲在战后不久的选举中当选，但是很快在昭和二十二年（1947年）因为脑溢血病倒，半身不遂。这样一来家族对于星新一的期待更大了，他的压力也更重了。

小说处女作

就在此时，一件事给他的人生带来了巨大的阴影，好友辻康文死了。两人从中学开始就是好朋友，毕业后也每周见面，关系非常亲密。即便如此，和辻康文在一起的时候星新一也无法袒露心声，辻曾因此而不满。

辻用睡衣的带子上吊自杀了。此前，他也想过用药物自杀，星新一是制药公司的少东家，也给过辻药物。辻的直接死因并非药物，但星新一总觉得自己有责任。前一天两人还见面聊天，辻的突然自杀对他的打击很大，他无法承受，不断责怪自己没看出辻在钻牛角尖。

最终，星新一自己的精神也出了问题，不得不去东大医院接受治疗，他坦言自己曾接受过电击疗法。

星新一的出道作品《高潮诱发器》讲的是一个通过电处理机得到类似性欲的快感，让性欲摆脱精神因素控制的故事。最相叶月指出，这种思考方式抛弃了烦琐的心理操作，通过机械操作解决问题。

星新一为了辻的周年祭写了名为《回忆》的追悼词，星新一毫不掩饰、无比心痛地讲述了自己的回避倾向，评传里有这段话：

"我不太喜欢对人生进行深入的思考。活着是因为什么、为了什么，我都没有考虑过。这样的问题我尽量回避，我担心自己的性格无法承受深入思考。

"我的生活就是这样敷衍，所以经常被辻责备。

"我和辻一样怯懦。两个人一起去旅行的时候不敢插队或者逃票。对于怯懦我希望可以糊弄过去，而辻希望能解决问题。"

立志成为公务员

让星新一摆脱压抑情绪的是一个朋友创办的东大跳舞俱乐部,叫林登俱乐部。好像要找回在战争中失去的青春一样,年轻男女对跳舞很痴迷。星新一也收到了邀请。他在俱乐部认识了一个女性,并开始与之交往,但是并没有更进一步的发展。不久,女方就提出分手,和另一个男人相亲结婚了。

这个时候他开始考虑将来,他参加了国家公务员考试。星新一本来应该继承星制药,为什么会参加公务员考试想成为一名官员呢?他是这样解释原因的:"并不是因为受到重建国家的使命感所鼓舞。我是一个懒散的人,不愿意对人献殷勤,我做事效率又低,性格有缺陷,这样一个人根本不适合在民企工作。"(出自《关于官僚》一文,收录于《淘气星的笔记》)

其实就像他所说的,不少有回避倾向的人都想成为公务员。这个工作很稳定，不容易失业，也不需要突出的业绩，只要老老实实地按上司的要求完成工作即可，很适合他们。

现在公务员的工作形式变了，不过以前确实如此。不少有回避倾向的人觉得图书馆的工作或者大学研究室的工作也很理想，有人从事这些工作，同时利用闲暇时间做自己真正想做的事情，甚至取得了不小的成就，如果工作需要占用太多的精力和时间的话是不敢想象的。有回避倾向的人不仅需要能解决生计的工作，还需要能让他们回避一些现实问题。星新一最初也考虑过这样的生活方式吗？

他虽然通过了公务员考试，但是一直没有被录用，因为时机不对，公司因财政状况调整而采取紧缩政策，正对政府职员进行大幅调整，所以就会减少录用新人。父亲也不同意他成为一名官员（出自《星新一》），星新一常去的跳舞俱乐部又曝出了上演成人电影的事件，成为公务员的事也就流产了。

经营公司的日子犹如身处地狱

就在此时，担任董事长的同父异母的哥哥遭遇诈骗，给公司造成了重大损失，不再担任董事。昭和二十四年（1949年）十二月，星新一接替哥哥担任了董事兼营业部长，当然是他的父亲星一的意愿。

第二年，父亲星一为了筹措重建公司的资金，打算卖掉在秘鲁的土地，拖着半身不遂的身子去了美国。结果在旅途中病倒了，最后因为肺炎在洛杉矶的医院去世。

星新一接过父亲的担子担任了社长，地狱一样的日子也开始了。老谋深算的父亲星一面对这一切游刃有余，初出茅庐的儿子星新一却焦头烂额。星新一也想努力走出困境，但是他有一个致命的弱点，注定了他不适合做管理者。就是对于自己谈判、做决断缺乏自信，总是依靠一个又一个的代理人。代理人胡乱作为导致事态无法收拾，而且星新一把权限委托给代理人，也会让他很容易滥用社长的权力。

在最困难的时期星新一开始向杂志投稿，是一些超短篇小说。他的避风港不限于此，还有围棋会所、电影院、银座的酒吧等。他在酒吧邂逅了一个女人，给她开了一间酒吧，自己也经常去那里消遣。

星新一身处工会和债权人的夹缝中，谋划卖掉资产重建企业的计划也遭到挫败，最后他从社长的位置上退下来，只做名义上的副社长，这距离他接任社长还不到一年时间。从结果来看隐退到这个闲职上是幸运的，他有了充裕的时间做自己的事。在公司的时候，星新一每个月会阅读二十多种杂志，主要是文艺类杂志，以此打发时间。他的日记中写"今天要不要死呢？（出自《星新一》）"，可见他的逃避意愿已经接近极限。

变成另一个人般拥有自信的瞬间

此时,星新一看到了刊登在《朝日新闻》上的日本飞碟研究会[1]成立的报道,他也入会了,并创办了《宇宙尘》作为该研究会的同人志,这是日本第一本SF专门杂志。星新一此时恰好刚读了雷·布拉德伯里的《火星纪事》,该书写的是和复杂的情绪无关的世界,他受到了强烈的触动。公司里人际关系复杂,充斥着各种不满情绪,让星新一心力交瘁。而这本书里的内容让他感受到了非常新鲜的刺激,得到了治愈。他把名字从"亲一"改成了"星新一",心情也焕然一新,开始以作家的身份积极创作。他完成的第一部作品是《高潮诱发器》,新颖的构思结合了新闻报道的形式,如此

---

[1] 或称"飞天圆盘研究会",是日本最初的UFO研究团体。——译者注

脑洞大开的表达方式让读者吓破了胆。虽然是小小的成功，对星新一来说无疑有着非凡的意义。

《高潮诱发器》发表后不到一个月，他的人生迎来了重大转机。他从副社长的位置上退了下来，不再介入星制药的一切事务。

记者招待会上，他平静地说："我不具备经营管理能力，也没有重建公司的愿望。因为是同族会社，如果我完全放弃权力，按照现在公司和个人所持有的资产分配，我可以还清员工的退职金和所有的借款。"（矢崎泰久《"故事特集"和好友们》）

此时，和星新一交往密切的朋友注意到了他的变化。新一在担任星制药社长领导上市公司的时候看起来怯懦而谦卑，离开公司成为一个作家后，马上变得意气风发，如此自信，和之前简直判若两人。星新一不在意周围人说他是否自负，他的才华真正得到了发挥并开花结果。接下来的作品《布克小姐》也广受好评。

后来，他以写作为生，没有再找其他工作。他出版的第一本书不是小说，而是一本名为《生命的神奇》的科普书。这本书很有意思，它不仅是单纯的科普书，还涉及了科学所不及的领域，从传说、历史、SF杂志中取材是它的亮点。由新潮社出版，很多人为这本书写了书评，大大提高了他在文坛的声誉。

公司已经给他做了清算。他年纪也不小了，却不工作、不结婚，说要写小说，看到他这样母亲很伤心，觉得他是因为父亲的公司倒闭才有破罐子破摔的心态。母亲担心他会寻死，希望他至少能娶妻生子。其实这也是很正常的想法。

此时，他相亲遇到了村尾香代子，对方二十五岁，是一名芭蕾舞演员，担任过杂志的模特，相貌美丽。她不甘于平凡的人生，也在寻找合适的伴侣。两人一见钟情，都觉得对方就是自己的命中注定。不久后，两人就订婚了。

因为《生命的神奇》大获成功，星新一参加了电视教育节目的录制，还执笔了NHK的木偶剧《宇宙飞船西莉卡》的原稿，一切顺风顺水。他也曾努力做好一个经营者，但无论做什么总是力不从心，屡战屡败。放弃经营公司成为作家之后，工作开始很顺利，约稿信纷至沓来，作品甚至获得直木奖提名。他和香代子举行了盛大的婚礼，很多演艺界人士和作家到场祝贺。

他位于麻布10番2DK的公寓没有书房，有时候每个月甚至要写十本作品，每天忙忙碌碌，甚至经常要通宵写作，妻子睡觉的时候他就在旁边修改稿子。

星新一以超短篇作品闻名，也有长篇作品获得成功，其中一部就是以他的生活为原型的《民弱官强》。这是一部社会小说，精心描写了一心想经营好企业为国家做贡献、为员工谋福利的父亲星一卷入政治纷争，被安上莫须有的罪名，被横征暴敛的官吏折磨的内容。父亲星一挑战不可理喻的命运的形象，也是曾经的星新一自己。星新一从不感情用事，一直克制着自己内心的愤怒，很少提及过去，他的情绪会通过这部小说发泄出来，让人很意外。

这部作品挽回了被讥讽为"昭和借债王"的父亲星一的名誉，也让星新一打破了过去的诅咒，得到了解脱，祛除了一块心病。虽然无法在商场上打败父亲的敌人，却凭借笔的力量完成了。

终于找到适合自己的生活方式

星新一是企业家二代，他无法按照自己的意愿决定人生，可他最终找回了属于自己的人生，而且在此过程中他说出了感受到的但是无法说出口的心声。

虽然他有回避倾向，但还是与现实和解，并最终找到了适合自己的生存方式，而且这种方式也最终成就了他，让他的人生走向了辉煌。

很多人注意到，星新一不仅有着回避型的特征，还表现出孤独症谱系障碍倾向。而另一方面，他不会轻意向母亲撒娇，他的成长过程好像与世隔绝一样，与形成回避型依恋也有很大关系。

星新一交友的特点是很克制，朋友不多，表面上也享受交往，其实只会向好友吐露心声。对于交友不热衷，在生活中也不会主动与人交往的具有回避型人格障碍的人来说，和很多典型的孤独症谱系障碍的人的特征有所不同。另外，孤独症谱系障碍的人对于已经决定的事情和指示会很忠实，任何事情都会认真对待，大多数人不会偷懒。而星新一表现出不同的一面，他经常找借口去卫生间逃避军训，还会逃避大学的实验。遇到麻烦就想回避，与其说是孤独症，更应该说是回避倾向。

比阿特丽克斯·波特的例子

"彼得兔"的作者比阿特丽克斯·波特（又译碧雅翠丝·波特）是绘本作家和画家，她努力做着自己喜欢的事情，尽力让人生完美而充实。她个人的生活方式可以看出具有典型的回避型的特征，她是一个很好的例子，让我们知道有回避倾向的人也有适合他们的幸福。

比阿特丽克斯·波特的父亲是律师，母亲比父亲小五岁。她出生在伦敦一栋豪华的宅邸，家境富裕，家里有好几个用人。

她为什么会有回避倾向呢？天生虚弱而敏感的体质无法忽略，成长环境无疑也雪上加霜。按照当时英国上流社会的习惯，照顾她的不是母亲而是家里的乳母，她和母亲只有在特别的仪式和日常打招呼时才见面，平时甚至不在一个楼层生活，母亲几乎不会去看她。

即使考虑当时的习惯，比阿特丽克斯·波特的母亲对她的温情和关心也实在太少。此后即使两人接触多了，关系依然很疏远。她对母亲的感情不是亲密，更多的是恐惧，相比之下对于父亲的感觉还好一些。

如果乳母温柔、体贴还好，偏偏她是一个斯巴达式的女性，非常严厉，婴幼儿时期的比阿特丽克斯·波特就和这样的乳母在四楼的儿童房度过。六岁的时候她的弟弟出生了。幼年时期她几乎没有见过其他孩子，更别说一起玩了。

父母觉得和其他孩子玩会感染病毒，受到不好的影响，所以不让她结交朋友。

在今天看来她的成长环境也很不正常。英国称霸世界的维多利亚时代，物质富足，但是和现代一样，精神上的问题和不正常犯罪增加的情况也很严重，贫富差距导致的矛盾也在凸显。

在这样孤立的环境中，比阿特丽克斯·波特开始读书和看绘本，并从中发现了乐趣。她也开始亲近自然，被大自然的美所感动，爱上了写生和水彩画，尤其热衷于画植物和动物，还不到十岁她就已经对于绘画表现出了非凡的才华。她没有朋友，只能养宠物、写日记，这些对于她来说很重要。

她怕母亲偷看自己的日记，做了特别的记号。她和母亲的关系一年比一年差,母亲觉得女儿热衷于绘画毫无意义,要求她听从自己的安排,对此比阿特丽克斯非常反感。

限制比阿特丽克斯行动的还有她的健康状况,在她十五岁之后,风湿病越来越严重,让她苦不堪言。她虽然很年轻,但离开拐杖根本无法去户外,尽管如此她还是坚持画画。

《彼得兔的故事》和她的使命

比阿特丽克斯·波特的画第一次问世是在她二十四岁的时候,以新年贺卡和书里插图的形式。这让她继续画画的想法更坚定了,她把写生的作品和绘本送到了出版社,但是一直没有出版社愿意出版,比阿特丽克斯·波特很失望。她的好友艾妮提议可以将"彼得兔"做成绘本。艾妮已婚有四个孩子,比阿特丽克斯·波特很疼爱他们,给他们寄了很多画着彼得兔的信。

以艾妮保存的信件为底稿,比阿特丽克斯·波特完成了《彼得兔和麦格先生家的菜园》,送到了出版社。六家出版社拒绝,只有一家出版社表示有点兴趣,却附加了条件,要印成大尺寸的书,这样一来书的定价就会高,很多孩子拥有这本书的愿望就无法实现了。

比阿特丽克斯·波特也很烦恼,最后选择自费出版。一开始只印刷了二百五十册,送了朋友一些,剩下的以邮购形式销售,结果大受好评,不得不马上加印二百五十册。

一个好朋友把这本书送到了几家出版社,其中维恩出版社表示想出版。负责比阿特丽克斯·波特的绘本出版工作的是维恩出版社创立者的儿子诺曼,诺曼比比阿特丽克斯·波特小两岁,在两人通信的过程中,比阿特丽克斯·波特对诺曼产生了很深的信任。

比阿特丽克斯·波特三十六岁的时候绘本出版了,印刷了八千册,在预约阶段就销售一空。此后,她的其他作品相继问世,她每天变得很忙碌。她之所以能克服这些困难,是因为对于诺曼萌生了爱意。

比阿特丽克斯·波特原本很少外出,现在开始频繁拜访诺曼的事务所。其实讨论工作只是借口,真正的原因是她想见到诺曼。

诺曼表现得比较克制,但他也爱上了坚强的比阿特丽克斯·波特,并在《彼得兔和麦格先生家的菜园》第一次出版的三年后向她求婚了。

比阿特丽克斯·波特的母亲从一开始就强烈反对他们恋爱,想方设法阻止两人在一起。母亲很傲慢,觉得诺曼只是一个商人,很看不起他。不过比阿特丽克斯·波特已经不是从前的她了，母亲的反对没有让她退缩，她还是答应了诺曼的求婚并和他订婚了。但是母亲提出了条件，订婚的事只能自己家里人知道，不能对外公布。

对于比阿特丽克斯·波特来说，那段时间是一生中最幸福、最满足的时光。沐浴在幸福中的她要和家人一起去避暑，不得不离开诺曼所在的伦敦。走之前她想再见一次诺曼，于是去了他的办公室，却没见到他，诺曼因为身体不适休息了。比阿特丽克斯·波特觉得没什么大问题就去了乡下。诺曼的健康状况一直没有好转，比阿特丽克斯·波特很担心，又不敢打破家里人去避暑的计划而返回伦敦，因为可想而知这会让母亲大发雷霆。

在她踌躇不决的时候诺曼的病情加重了，他得的是急性淋巴性白血病，发病后不到一周就撒手人寰。

比阿特丽克斯·波特通过电报得知了这个噩耗，她受到了巨大打击，沉重的悲伤让她难以承受，更悲哀的是只有很少人知道她和诺曼订婚了，她甚至不能表现出悲伤。

伦敦对于比阿特丽克斯·波特来说只剩下了痛苦。她去了湖区旅行，被那里的自然风光治愈。第二年，她又在那里购买了土地和房产，决定经营农场和奶酪业。她改建了房子，计划搬到那里去住。

父母觉得女儿疯了才会有这样的想法，要求她待在伦敦，但是比阿特丽克斯·波特坚持了自己的想法。

她把出版绘本的钱用于扩建农场，购买羊群。除了书的版税，比阿特丽克斯·波特创作的角色彼得兔被做成毛绒玩具等销售，她从这些商品化的东西中获得版权费，展示出自己在商业领域的才华。

她找到了新的使命。她的农场经营重视保护自然、保护环境的意义。保护环境需要防止无计划的开发，农场和牧场也承担着保护环境的责任。如果农场、草场被荒废，或者被卖光，守护丰富的大自然会更难。比阿特丽克斯·波特以"托拉斯运动"的形式优先买下需要保护的农场、牧场，守护着自己热爱的大自然。

在喜欢的领域获得认可非常重要

比阿特丽克斯·波特性格内向，很少外出，她的回避倾向是成长环境造成的。加之和母亲关系疏离，斯巴达式的乳母对她严厉的管教，宝贵的幼年时期只能在四楼的儿童房这个狭小的空间里度过，实在是悲剧。而且她还天生体弱多病，不得不远离社交圈。

在这样的环境中，能和值得信赖的朋友、异性建立亲密关系可谓是奇迹。也正是因为她寻求这样的关系，才能得偿所愿。这一类型的人大多谨慎、笨拙，无法和太多的人建立亲密关系，宁缺毋滥，他们会很重视和少数人的关系，认真经营。

两人的爱情并未因未婚夫的去世而结束，她把失去恋人的悲伤情绪升华成了对大自然的热爱。

她和母亲并不心意相通，也始终无法得到母亲的理解，这让她很痛苦。最后，她选择离开伦敦，在湖区的农场生活,也是要逃离母亲的控制。

星新一也是如此。对于有回避倾向的人来说,在擅长的领域获得专业性的认可是找回自信的关键。所以,对于有回避倾向的人来说,在自己喜欢的领域进行活动和工作是确保情绪稳定和建立自信的关键。

第八章

如何放下羞耻和恐惧
　自在地生活？

回避倾向是能够克服的

有回避倾向的人经常会闭门不出、消沉，这种状态会持续几年之久，有的人甚至持续几十年。

同时，这种状态也是可以改善的，有的人能够完全克服，让生活变得积极向上。那么，应该怎样做才能摆脱眼前对于所有事情都嫌麻烦、无力行动的状态呢？

我们通过具体的例子看一下改善和克服回避倾向的关键。主要针对回避型人格，但是这里说的一定程度上也适用于回避型依恋的情况。因为要改善回避倾向最后出现的闭门不出、消沉的状态，同样的方法一般也有效。实际上，回避型人格、回避型依恋两者共存的情况也不少。也就是说，他们的困境是希望和别人建立关系，又害怕与人接近，同时又有对于和别人分享感受、经历很少感到快乐的倾向共存的情况。现在这样的情况更多了。

关于如何克服回避型依恋，拙著《回避型依恋障碍：感情淡薄的人》谈得很详细，大家可以作为参考。

从一个电话开始

一位二十六岁的男性由家人陪同来找我咨询,希望改变自己不想出门的情况。他勉强读完高中就慢慢不去学校了,此后八年都待在家里。也许是长年不见阳光的关系,他脸色苍白,坐着都很难受,总是低着头,说话声音也很小。最近两年他甚至一步都没有迈出家门,可想而知是鼓足了勇气来我这里。因为很久不外出,他发现外面的风景,甚至车站的样子都变了,觉得自己简直像浦岛太郎[1],他的生活就是读书、上网、睡觉,别的什么都不做。对于他来说与社会唯一

---

[1] 日本古代传说中的人物。浦岛太郎是一个渔夫,因救了龙宫中的神龟,被带到龙宫,并得到龙王女儿的款待。临别之时,龙女赠送他一个玉盒,告诫其不可以打开。太郎回家后,发现认识的人都不在了,因为他打开了玉盒。盒中喷出的白烟使他化为老翁。——译者注

的联系就是在网络上搜索社会信息和图片，他说做这些是为了不与社会完全脱节。通过他说的这些话可以知道他也很担心被社会淘汰。

他烦恼了半年要不要给我打电话，最终下定了决心。这是他第一次自己做决定、做选择。一直以来他穿什么衣服、读哪个学校，都由母亲做主。母亲就是标准，如果不按照她说的做就会发火。不知不觉间，他习惯了听从母亲的安排。他想尝试今后自己做决定，来我这里咨询就是他自己做的第一个决定。说着说着他就哭了。

此后，他和负责他个人生活的指导员开始一起努力。正如他自己说的，自己决定来接受指导就已经是很大的变化。经过一点一滴小小的积累，三个月后他外出时没有那么紧张了，半年后他去找工作了，又过了两个月后就恢复到了可以去打工的状态。

是什么改变了三十五岁的她？

一个三十五岁的女性常年宅在家里。她不知道将来应该做什么，对找工作很消极，毕业前也没找到工作。此后也几乎不去找工作，一直待在家里，这个状态长达十二三年。

最开始的几年里，她和父母矛盾不断，父母迫切希望她进入社会，而她自己并不愿意，为此双方发生过多次激烈的冲突。这非但没有让她想要尝试做点什么，反而让她更责怪自己什么都做不了，情绪变得更不稳定。父母都有工作，能力出众，社会责任感也很强，很优秀。也正因为如此，他们无论如何都无法接受自己的孩子居然不想工作的事实。

父母带她去过很多机构咨询，情况并没有得到改善，也就不了了之。父母也不再提找工作的事，觉得她平安就好。

过了三十岁这种情况依然没有改善，她很少外出，不知道这样的日子什么时候才会结束。此时转机出现了，她在一本书上看到了"发育障碍"的介绍，怀疑自己也是这种情况。一天，她鼓起勇气主动联系了面向发育障碍者的咨询机构，挂了号。

她抱着放手一试的想法去了那里，向对方说了自己的情况。负责咨询的负责人告诉她，想接受帮助需要有医生的诊断，建议她去医疗机构就诊，于是她就来了我这里。

我给她做了发育方面的检查，了解了她的特征。她的能力起伏的确很大，发育不均衡，同时也知道了她某些方面能力很强。另外，还弄清楚了一个问题，就是让她无法行动的原因除了发育问题，还有她认定自己辜负了父母的期望，觉得自己很无能，一无是处。她和父母的关系很疏远，觉得自己不被他们理解，只感受到痛苦。如果要求他们理解自己，就会发生冲突，所以只能表面敷衍过去，至少能保持相安无事。

无论怎么努力都无法完成父母的期望，做什么都不行，这种想法牢牢控制着她。上大学之前成绩好是自己唯一的优点，觉得自己得到了别人的认可。但是找工作让她完全丧失了自信，无论做什么都不顺利，觉得自己无可救药，没有人会接受自己，在自我否定的泥沼中越陷越深，无力摆脱，甚至还想过寻死。

通过讲述这些情况，她总结了自己身上发生了什么。关于发育方面的问题接受了诊断，特征也明确了，这些也让她了解了自己，知道了自己觉得辛苦的主要原因不是懒，所以自我否定的心理症状也减轻了。她对父母讲了自己的缺点和困难，比起鼓励和表扬，更希望得到他们的共鸣、理解，这样他们才能更好地支持自己。知道她的情况后，父母也改变了做法。

她接受了职业训练，最终也找到了工作。过程很艰难，尤其最开始的几个月特别辛苦，她会自怜自艾。但她是一个很有责任感的人，也很努力，加上能力很强，慢慢地能够游刃有余地处理工作了。她的努力被老板注意到，让她转正，她也终于可以正常工作了。

她曾经对恋爱结婚完全不抱希望，现在也愿意在这方面投入精力了。

掌握恢复关键的"安全基地"

像这位女性这样有着轻度的发育障碍，因为被否定和失败的经历导致回避倾向增强的案例很多。准确评价发育方面的问题并做出诊断有时候会成为转机，但是否能成为转机，完全取决于如何对待。很多人认为只要发现发育方面的问题就万事大吉了。像这个案例这样，剥夺本人能力的不仅有发育的问题，还有父母的否定性评价导致她对于自身的失望和自信的丧失。因此，父母改变看法和应对方式对于恢复是不可或缺的。

最重要的是，她没有把自己封闭起来放弃求助，而是愿意主动找人商量。回避型、恐惧/回避型依恋的人很难信任别人或者找人商量，导致很多人最后走进死胡同，她数年闭门不出的时候就处于这种状态。

最终，她还是选择主动给相关咨询机构打电话。来我这里之后，她遇到困难会找人商量。这样虽然比待在家里的时候要承受更大的压力，但是她没有被击倒，即使困难和问题不断，最终还是逐一克服。

这就是我所重视的"安全基地"的功能，安全基地是否能够很好地发挥作用，将决定一个人会进步还是退步。这位女性最后有了如此大的变化，不是因为改善了发育方面的问题，而是因为周围越来越多的人成为她的安全基地，安全基地的功能得到强化，让她有了前进的勇气。

无论有无发育问题，这一点都适用。但是存在发育问题的人更敏感、更容易感到压力、更容易被孤立，所以对于他们来说保护尤为重要。

因此，让这个女性变弱、导致她十多年闭门不出的主要原因不是轻度的发育障碍，而是她和严厉、忙碌的父母之间只有淡薄、不稳定的依恋，父母无法发挥"安全基地"的作用。两者的关系完全建立在本人是优等生的基础上，她找工作受挫后平衡马上就被打破了。父母越想帮她反而导致问题越严重，剥夺了她处理问题的能力，甚至差点把她逼入绝境。

父母应该站在她的角度看问题，恢复自己作为安全基地的功能，还有其他人可以商量，安全基地的功能才得以提高，问题很快得到改善。显然发育问题不是最大的阻碍，否则很难解释为什么障碍并没有改善却发生了如此大的变化。

不仅这位女性如此，已经有多个例子可以证实，在没有安全基地或者安全基地无法发挥作用的案例中，比起改善表面的问题，提高安全基地的功能后，最终的效果更好。在回避型问题很严重的案例中，该原理也同样适用。

前文提到的二十六岁的男青年，八年间闭门不出，很显然，其个人生活上的指导员作为安全基地发挥了重要的作用。同时，指导员还采取了一个对策，就是让他的父母也接受面谈，让他们换位思考，加深父母对他的理解，这样就可以让父母改变认知和做法，男青年本人也能恢复主动性。

他反复强调母亲是多么强势的一个人，自己从不违逆母亲，总是听从母亲的安排，因此改变这一点是当务之急。我们告诉其母亲不要代替本人做决定、给他安排或者替他做。此前，母亲觉得这样做理所应当，现在终于意识到这些做法影响了孩子的主体性。

想要提高安全基地的功能，消除对于本人的压力，让本人恢复主体性，对父母做工作是必不可少的。

自己做决定的重要性

正如这个男性所讲述的,想要摆脱回避的状态,恢复主体性非常重要。换句话说,就是不要逃避,要自己做决定而不是交给别人。

自己做不了决定就想交给别人,请别人替自己做决定,这样不仅可以避免行动的麻烦,还可以避免做决定的麻烦,这就是有回避倾向的人的思维方式。

想要改变这种想法,可以尝试着从小事开始自己做决定。前面的两个例子都是自己做决定,虽然也有过迷惘,最后还是付诸行动,打开了突破口。自己做决定、自己行动,只要做成一件事,人生就会由此发生改变。实际上自己想要改变而主动来咨询的人比起被别人勉强带来咨询的人,改善速度要快得多。即使是被别人带来的人,如果自己想改变并且愿意去尝试的话,也会发生真正的改变。所以,一定要尊重当事人,让本人自己做决定,勉强他往往会适得其反。

我可以理解旁观者恨铁不成钢、希望这些人有所改变的心情，但不能操之过急，否则只会重蹈覆辙。

这种情况下父母和身边的人应该做一件事，就是反省自己的所作所为是否存在问题，改变与他/她打交道的方式。所以，很多时候在笔者的临床课上和合作的辅导中心里，会首先帮助父母、家人，不仅指导他们如何与有回避倾向的孩子相处，还要对他们进行辅导，让他们反省自身是否存在问题。让人惊喜的是，很多案例中的父母和孩子的关系在不知不觉中得到了改善，孩子也愿意尝试接受指导。

比起树立远大的理想和目标，更重要的是把握眼前的机会

有回避倾向的人开始恢复的一个常见现象，就是不再执着于一直以来的宏大理想和愿望，而是下决心努力抓住眼前小的机会。以前他们会觉得这件事不是自己真正想做的，担心负担很重很辛苦，担心进展不顺利，担心失败后失望而情绪低落，总是考虑消极因素，结果经常是什么都不做。

无数小的积累才能取得大的成功，理想、愿望绝不会一蹴而就，想要一步到位实现大的目标和成功是不可能的。不积跬步，无以至千里，从小的积累开始在实践中锻炼，才会得到更多更好的机会。即使和理想不搭边的事，只要稍有点感兴趣，或者虽然麻烦但是做了也许会有新机遇的事情不妨尝试去做。

机会要自己主动寻找，但是不少时候也会有意想不到的机遇。特别是对于有回避倾向的人来说，推销自己实现计划

的门槛太高，很难做好。

比起树立不切实际的目标，做好力所能及的事情更简单。下定决心试着做好身边小事，会带来意想不到的大变化，结果会给出答案。

我自己就是如此。刚成为精神科医师的时候，我对于所学专业和研究方向还没有明确的目标，对眼前的事心不在焉，还会抽空写小说。明明才二十多岁，却好像半生已过的"窗边族"[1]一样，觉得只要挣的钱够生活开销就可以了。希望写小说获奖，但是完成的作品一般人很难接受。

此时，一位兼职的大学学长找到我，告诉我有位老师需要一个年轻人做助手，问我想不想试试。我问了一下研究的内容，好像是利用猫或老鼠研究大脑，我不太明白，没有被吸引。我对产生精神现象的大脑也没什么兴趣，根本想不到动物实验和弄清楚人类的内心会有什么关系。

---

[1] 窗边族：一词源自日本，指的是在职场里不受重用的职员。——译者注

但是当时我需要新的变化和刺激来打破闭塞感，明明知道在工作之外帮忙做研究会增加负担，就没有时间写小说了，却还是鬼使神差回答想试试。

学长马上向大学研究室的老师转达了我的想法，第二天那位老师就联系我了。他是一位很有魄力的老师，事到如今我也无法反悔了，还没搞清楚状况的我已经开始在老鼠的头上插上电极，开始进行记录神经细胞活动的研究。难得的假期也不能休息了，晚上总是做实验到很晚，我自己都疑惑为什么会发展到这一步。

人生往往就是这样，根本不按自己写的剧本发展。研究进行了三个月后，那位老师高升到了一个非常重要的位置。人事变动就像台球一样，一个球动起来就会碰到下一个，一个接一个，其他的球都会跟着动起来。他升职后空出一个职位，他推荐了我，就是医疗少年院的职位，此前我都不知道有这样的机构。

后续还有很多我没想到的事情。我一边在医疗少年院工作，一边继续研究。当时，我还没有意识到这份工作即将改变我的命运。

后来相继发生了"神户事件"和佐贺的"公交车劫持

事件"等重大涉及少年事件，而医疗少年院被大家所知是在四五年后。其实也有征兆，从前问题少年很多，我逐渐意识到自己偶然得到的这个工作非常有意义。

我从医疗少年院的经历中学到很多东西，也可能是因为没有功利的想法，所以能轻松应对。

人生之门通往哪里，我们不知道，只有推开门尝试，否则哪儿都去不了。

苛求于自己的理想，纠结于一点点的不同，结果什么都做不了。陷入回避型循环的时候就是如此。要摆脱这样的境况，就要尝试做自己能做的，遇到事情不妨尝试解决，不要觉得会耽误时间，尝试去做也许会有意想不到的可能性。

怎样摆脱十几年闭门不出的困境？

有一个青年初中开始就不上学，此后慢慢地彻底丧失了自信。父母虽然没有恶意，但是不懂换位思考，几乎所有事情都要干涉，强迫他接受他们的想法，导致青年的情况越来越糟。进了函授高中后他终于开始恢复元气，没想到父母又多管闲事，自作主张修改了他自己选的专门学校，让他选了不感兴趣的专业，导致他中途退学。留给他的只有挫败感。此后十多年，他没有在外面工作，过着半封闭的生活。

他来找我咨询的时候就处于这样的状态。要让他有自己的空间，当务之急就是保证他的"安全感"，而威胁其安全感的最大问题就是父母的压力。话里话外他的父母都在不断施压，希望他尽快出去工作。

一见面，我就知道他的父母都是非常较真的人，说起这些理直气壮，总觉得自己是对的。认为既然自己说得对，他就应该服从，无法理解对于孩子本人来说这是负面的。可想而知他的处境一定很艰难。

所以，重要的一点是除了指导他本人还要指导他的父母，叮嘱他们一定要杜绝对孩子说教、命令，不要讥讽他，对他表示不满，不要把他和亲戚家的孩子比较，指手画脚或者提建议也都不行。而且要尊重、接受孩子的节奏和他的生活方式，这才是让他恢复的捷径。

常年形成思考方式和行为模式并非一朝一夕就能改变的，有时坚持了两三天又原形毕露，白白浪费了时间。该案例中的父母有很大的问题，改变需要时间，孩子本人恢复也需要过程。好在随着父母一点一点改变，孩子也慢慢恢复元气，愿意尝试自己主动去做点什么。

参加自己感兴趣的活动，去短途旅行，替父母照顾在乡下的祖母，他的活动范围慢慢扩大。父母很欣慰，说他帮了大忙。他觉得来自父母的压力比以前小了。

后来，祖母进了养老院，他不需要像以前一样去照顾了。他也烦恼自己今后应该怎么办，我这边完全不提工作的事情，如果他主动提起，我也会表示关心。有一天，他本人主动说要去Jobcafe[1]看看，正好是他面临三十五岁分水岭的时候。

我尽量表现得平静，说去看看也好。他去了几次Jobcafe后，决定接受职业训练。有很多职业训练课程可供选择，他喜欢旅行，经过考虑后选择了可以取得旅游业务接待管理人资格的课程。

旅游业务接待管理人要接待客人，需要能够随机应变，要承担的责任也很多。考虑到他的特点和适应性，这个工作其实不适合他，学完课程被录用的可能性也很小。常规做法一定是建议他不要选这门课程，而是选择更容易就职的课程。

但是父母给他做决定的结果就是让他浪费了十多年的时间，告诉他应该这样，应该那样，只看对错，让其本人继续做"正确的事情"，而忘记了是什么原因导致他陷入现在的境地。所以，应该站在他的角度，考虑他现在需要什么。

我肯定了他的选择，说他很有想法，告诉他尽力而为，

---

[1] Jobcafe：指面向年轻人的HelloWork职业介绍所。——译者注

如果觉得不合适也可以随时放弃，保证他有退路不会有压力。他因此放松下来，说自己很想尝试一下。他一定也对自己的选择很不安，担心别人会否定他的选择，劝他选择别的课程。而他真正希望得到的是别人的鼓励，告诉他想做就做。

他选的课程和职业经理人、电脑技术等人气课程不同，选的人很少，授课地点交通也不方便，去上课要花很长的时间。结果，他的努力让人刮目相看，为了保证不迟到他每天都早早起床出门。虽然最后没有取得资格，但是经过三个月的学习完成了课程，让他对自己有了很大的自信。上课的时候他没有一次缺席，得到了Jobcafe工作人员的好感，工作人员热心地给他推荐了工作。面试时他虽然没有被录用，却有了意外的收获。

面试负责人很欣赏他的勤恳踏实，告诉他这里不能录用他，但是关联的公司也在招聘，问他是否愿意去那边试试。关联的公司的业务是与通信相关的维护工作，他在面试时得到了充分肯定，负责人评价他责任心强、认真严谨，非常适合管理业务，录用了他。

他也通过试用期成了正式员工，此后一直在那里工作。

这个青年之前既恐惧失败，对理想又苛求，一筹莫展。这种时候，一般人会告诉他应该怎样做，最好怎样做，而这会导致他更自责，怪自己一事无成，结果就是更感无力。首先，要让他从不必要的压力中解脱出来，保证他的自由，让他明白自己是独立的个体，想做什么都可以。只有这样，他才能按照自己的心意和想法开始行动。

不要盯着太大的目标，做好身边力所能及的事更容易让人慢慢恢复自信和活力。这个青年就是从迈出家门开始，做好一件一件的小事，比如通过照顾祖母让自己恢复自信和体现自我价值感。

如何摆脱无精打采？

二十四岁的若菜（化名）第一次来见我的时候无精打采，她感觉没有什么值得付出热情，抱怨人际关系复杂，不愿意见人，遇事总是往坏处想。年纪轻轻，却脸色灰暗，神情疲惫，眼神空洞。

她是独生女，父母都上班，母亲一直在工作，她从不到一岁的时候开始每周就有一半时间由保姆照顾。她很怕生，看到父亲会放声大哭。还不到两岁的时候就被送到了保育院，在那里也总是哭。

上小学之后才慢慢变得开朗活泼，朋友也多了，只是没有特别要好的朋友，和其他人关系都不亲密。她成绩优异，运动和绘画也很擅长。

上初中之后开始慢慢表现出敏感的倾向。她在乒乓球部很活跃，过得很快乐。上高中之后直到高二的这段时间都很顺利，但是第三学期开始突然不去学校了。一个原因就是有门科目她不擅长,在上课的时候回答不上来问题,老师在大家面前讽刺她,她感觉自己成了笑话。和朋友的关系也要费心经营,感觉很讨厌。不上学之后白天整天躺着,晚上玩游戏或者看动画片,日子就这样一天天过去。宅在家里快一年半了,她又想成为一名动漫制作人,于是进了专门学校,坚持了半年又不愿意去了。从此完全丧失了自信,最后发展到一步不出家门,至今已经有四年多了。

若菜感到无能为力,自己什么都做不好,做什么都会失败。这样的若菜需要的是不会批评自己,自己想说什么就可以说什么,必要的时候可以给她一点勇气,鼓励她、让她可以依靠的指导员。我把这个任务交给了一个年轻的男指导员,他是一个很好的年轻人,有在儿童养护机构工作的经验,性格爽朗,相处起来让人感觉很自在,会在不知不觉间调动起对方的积极性和主动性,此前也让几个闭门不出的年轻人打起了精神。他和若菜两人年龄也相仿,应该会被若菜接受,从而唤起她的活力。

果然和我想的一样,负责若菜的指导员不负所望,打造了轻松的谈话氛围,让她敞开了心扉。这个方法在最初阶段完全以来访者为中心进行心理咨询,认真倾听本人的感受和想法,仔细还原、分析。若菜对于现状很悲观,不能再批评、否定她了,而是要表示理解、共鸣。每次日程结束的时候,若菜都变得轻松、开朗。第三次日程结束的时候,咨询室响起了笑声。其他同事都不敢相信是若菜在笑。

此后,若菜顺利恢复,很快就能打工了。最开始出去打工的时候很容易紧张,需要给自己鼓劲儿,但是半年后就已经习以为常了,而且游刃有余。她的下一个目标是找到更有意义的工作。她曾经一听到学校就会表现出过敏反应,不久后居然主动说想去职业培训学校学习。

为了生活而工作

有回避倾向的人如何摆脱回避型的陷阱,为了生活必须工作的原则是否成立是一个关键。持续时间更长的案例不适用于该原则。很多人有父母提供生活费,宅在家里不出去工作也可以生活。比如井上靖,快三十岁的时候还在上学,结婚之前有父母照顾,结婚之后岳父母继续给他们提供生活费。

很多有回避倾向的人是经济条件优越的富二代,或者为了生活不得不工作而缺乏精神追求的人。有的人不努力就无法生存,有的人不工作也衣食无忧,二者的观念和心态一定是不一样的。

从这个意义上来说,回避型的特征也可以说是物质生活极大丰富的现代化的产物。

而像我这样成长过程中物质比较匮乏的人,还有像埃里克·霍弗一样的人,也表现出强烈的回避倾向,对于这些人来说，仅仅用物质丰富的原因是无法解释的。

不过物质丰富的确会影响恢复，这是我经历多次的。

因为生活所迫不得不工作的时候，很多人会逐渐恢复，回避倾向慢慢变得淡薄。从这个意义上来说，父母过分保护、经济条件太优越，都会影响恢复。

当星新一从父母那里继承的大公司破产的时候，他的人生才真正开始。他的经历很有代表性，我遇到过很多这样的情况。

一个青年上了预备学校后不久就经常旷课，勉强混到毕业后一直宅在家里，这样的生活一直持续到他二十五岁。他性格很内向，学习非常认真，却越来越不思进取。父母看到他消沉的样子很担心，却无能为力，母亲经常闷闷不乐。父亲一个人支撑着整个家庭，但是人有旦夕祸福，作为全家的经济和精神支柱的父亲突然因病去世了。

母亲很无措，不知道今后应该怎么办，每天唉声叹气。虽然领到了死亡抚恤金和遗属年金，不至于马上就生活无着落，但是收入只有以前的一半。

此时，发生了一件意想不到的事情。孩这个青年已经无法满足只是外出了,他说自己要工作。不久前为父亲举行葬礼的寺庙住持问他要不要去那里工作。他从来没有想过做和尚,住持也没抱希望,没想到他本人马上回答愿意试试。很快他成了一名见习僧侣,早上很早就要起床,工作也很辛苦,他却不辞辛苦,非常努力,背诵经文也很快,此后的十年间都勤勤恳恳地做着这份工作。

母亲觉得一定是亡夫在指引孩子,每次在佛龛前祷告的时候都要感谢亡夫。

有别人保护的时候,会觉得自己离开别人一天都无法生存,其实我经常遇到失去了庇护反而振作起来的情况,比如这个青年,父亲去世,一家人失去了依靠,自己不得不去工作,他只能不再回避,真正意义上开始了自己的人生。

在工作中锻炼自己

对有回避型人格的人来说，工作是很好的刺激和训练，可以锻炼一个人，让他的潜力苏醒并得到发挥。

他们习惯一件事需要时间，不能突然承担重大的责任或者负担，否则会有消沉甚至崩溃的危险。而如果假以时日，循序渐进，最后会变得判若两人，让人刮目相看——技能的提高可以让他们恢复自信。

他们有能力却妄自菲薄，总想逃避练习，不愿意多接受训练。除非让他们上瘾，否则他们会尽量回避和别人打交道。但是如果做好了心理准备，就会强迫自己去做。在此过程中会发现工作没有自己想得那么讨厌，经过努力，慢慢取得进步，不再感到头疼了，甚至有人会喜欢上工作。

前文提到的井上靖因为生活所迫不得不工作，成了一位新闻记者。记者写稿子不能像写小说一样随心所欲，要采访形形色色的人，依据事实报道。

井上先生和别人聊天都会觉得累，却不得不登门采访各行各业的翘楚。他心里总觉得自己对于任何人来说都是不愉快的存在，他们一定讨厌和自己说话，却要勉为其难。实际一接触，他发现一流的老师也平易近人，教他很多东西，还会关心他的个人问题。他和一些人还有了私交。

渐渐地，他不再否定、歪曲自己，开始接受自己。

采访、写作的训练积累，对于他以后写小说也很有帮助。井上先生自己也说，在报社的工作让他受益匪浅。

西村由纪江的例子

钢琴家、作曲家西村由纪江的自传性随笔中提到自己小时候很内向,害怕在别人面前说话,身体又弱,这些都让她烦恼。而且家庭环境也给幼小的她造成很大压力,父亲性情暴躁,和母亲关系不睦,两人经常吵架。"我拼命弹钢琴并不是因为喜欢,而是为了让自己听不到父母激烈的争吵。"(出自《你熠熠生辉的时候》)

父亲总是打压她、否定她,她越来越沉默寡言。因为不善言辞,她把所有的热情都投入钢琴上,通过作曲表达自己的情绪。

一个钢琴家并不是只要弹好钢琴就可以,走红的话经常要接受采访,而这对于她来说是很痛苦的。记者的提问很犀利,她无法应对自如,感到很低落。

她才华横溢,却总觉得自己不合时宜,别人一句否定的话就会影响到她的情绪。有一次,偶然听到摄影师说自己没有才华，她没觉得受伤害，反而认可他的说法。

对于接受采访如此头疼的她慢慢也开始享受接受采访，因为经验不断积累，也因为思维方式的转变。总想着怎样回避麻烦会影响心情，无法投入，但如果转移注意力，试着考虑今天会见到什么人或者谈些什么，就可以平静下来。

西村通过亲身经历明白，对要发生的事情保持乐观，是缓解紧张、让事情进展顺利的秘诀。音乐会上两首曲子之间的讲话一度让她很头疼，最初是精心准备剧本，生怕说错一个字，观众却总是反响平平，结果有一次果然说错了，她赶忙道歉，没想到观众却笑了。这件事之后她觉得可以不用剧本而是能临场发挥。

此后的事情大家都知道了，她的演出越来越多，她也越来越得心应手。

西村意志不坚定，总是怕麻烦，不想和人发生争执，一直听从事务所的安排。出道第十年的时候，她第一次对于事务所的安排提出了异议。她想举办钢琴独奏音乐会，而事务所想以full orchestra（管弦乐队）的形式举办华丽的演出，双方发生了分歧。这次她坚持了自己的想法，也因此她后来的形象得以确立。

这件事也促使她离开事务所另立门户。此前她从未想过独立，但精神上的独立让她下定了决心。独立后各种麻烦和风险也接踵而至，但也正是因为承担了这些，才有了一个钢琴演奏家应有的心理素质。

尝试自己去做

我自己做了二十五年的值班医师，三年前开了自己的医院。我还是一个值班医师的时候，难以想象开业医师要自己承担所有的责任，会有多辛苦。

而在组织中工作的值班医师有上司和同事，会有各种各样的束缚，很多时候不能随心所欲，没有自由。工作本身没有太大压力，但是如果上司固执己见，在他手下工作就会有很大的压力。

作为过来人我觉得独立更好。杂事确实很多，不过工作更轻松了，没有意义的压力大幅减少，现在甚至后悔为什么不早些独立。

我已经过了知天命的年纪，终于能够独立了。

尝试做小的改变

有回避倾向的人很害怕变化，他们认为比起挑战新事物，维持现状更安全。的确，这样可以回避风险，避免受到伤害，却无法获得更多的机会。从长远来看，遇到问题就回避会弱化自己，当遭遇无法回避的变故时，会马上被击倒。一直回避小的风险会降低适应能力，当遇到大的风险时便会无力应对。

不需要像别人一样彻头彻尾改变自己的生存方式，可以一点点尝试小的改变：不要总是拒绝一个人的邀请，不妨去一次；总是交给别人做的事情可尝试自己动手；觉得麻烦总想拖一天算一天的事情要尽快处理完；觉得没希望想放弃的事情，做好失败的心理准备后尝试再挑战一下。不要挑战根本做不到的事情，尝试去做犹豫要不要做的事情就好。

因为做还是不做而犹豫的时候，有回避倾向的人一般都会逃避，所以总是错过机会。这种时候可以尝试去做，从小的变化到大的变化，人生会实实在在改变。

切记不要突然树立过大的目标，很多人一直逃避困难，却突然挑战不可能的事情，当然很可能失败。一旦失败就会丧失自信，再也没有挑战的勇气。坚持努力实现一个个小目标，终会有质变。

当有很多问题要处理的时候，尝试完成其中一件事，或者在桌子前坐十分钟。不回避就是进步，慢慢地会让自己变得积极起来。

犹豫的时候不妨去做，哪怕是一件小事，也会让人生开始改变。

袒露真实的自己

有回避倾向的人不愿意行动的一个很大阻力就是羞耻感，他们认定自己是一个可耻的存在，不希望别人看到真实的自己，想把自己隐藏起来。结果陷入恶性循环，越想隐藏就越羞于被人知道，导致越来越消极。害怕自己比别人无能、比别人愚蠢、比别人丑陋，会被别人取笑，害怕别人看到自己的样子。因为这些恐惧，做事情总是束手束脚，无法展示自己的能力和魅力。对方会因为他们这种温暾的反应而却步，他们又觉得自己果然让对方失望了，自己真的一无是处。他们之所以会有这种想法，妄自菲薄，是因为害怕袒露自己。

想要摆脱恶性循环，就不要总想着如何隐藏自己，而要考虑怎样展示自己。觉得自己不够优秀而感到耻辱，害怕真实的自己被别人看穿，有人接近自己也会想方设法保持距离——不要再逞强，坦然面对自己的问题，情况就会有所改善。

万友美（化名）工作和婚姻都很失败,除了家人之外她基本不和别人接触,这样的生活持续了十年。她觉得自己是一个失败者,觉得别人对自己不屑一顾,也不愿意别人看到自己这个样子。

和以前的朋友也不来往了,收到同学会的明信片就会扔到一边,一次也没去过。

母亲突然去世让情况发生了意想不到的变化。对于万友美来说,母亲太重要了,母亲和不擅长交际的万友美形成了鲜明的对比。母亲擅长社交、健谈、有行动力,是万友美的依靠,像盾牌一样一直守护着万友美。现在她突然不在了,以前她做的事情现在万友美不得不自己做,以前人际关系都是母亲经营,她连电话都很少接,现在不能逃避了,经常要应对人情往来。

她开始不时地和朋友见面。朋友离婚了,是个单身母亲,却毫不掩饰地讲了自己的近况,让她有了勇气,万友美也和朋友说了自己的处境。朋友耐心倾听,表示理解她,懂得她的不容易。此后,她遇到问题就会找朋友商量。她不再觉得自己一无是处，心情也轻松了。这个朋友还成了她和其他朋友交往的桥梁。

有个朋友经营一家酒吧，朋友们经常聚在那里聊聊天，感觉很愉快。她和大家在一起轻松又安心，觉得别人可以接受真正的自己，不再对他们隐瞒自己的窘况。

有一次，她试着问大家能否帮自己介绍工作，她说了自己的问题，担心自己不能胜任工作。没想到朋友们都很理解她的感受，安慰她慢慢习惯，试着耐心去做就好。本来她还在犹豫，他们的话让她坚定了决心。

她也遇到过困难，可是还是坚持下来了。她发现以前只是妄自菲薄。万友美和后来在工作中认识的男生走到了一起，和朋友们相处也很愉快。唯一让她难过的是为她和朋友们牵线重新开始交往的那位朋友因为蛛网膜下腔出血去世了，一想到朋友留下的孩子，她就会很难过。她由衷地感谢那位朋友，教会她做真实的自己。

个人指导对于回避倾向的改善会发挥非常重要的作用，因为他让被指导的对象表现出真实的自己。如果别人能接受真正的自己，产生共情，情况就会开始有变化，不再觉得自己是一个没用的可耻的存在，开始接受这样的自己。

个人指导有效的另一个原因是起到了前面的例子中提到的朋友的作用，会在背后支撑畏缩胆小的对象，给予他们挑战的勇气。自己一个人很难改变，但是如果背后有人支撑自己，就会有尝试的勇气。

也有的人会被家人强迫，无视自己的感受。如果觉得自己是被迫的就会更恐惧。说到底，一定要有一个人，尊重他们、支持他们。

对性的回避

有回避问题的人很烦恼的一个问题就是亲密关系和性。克服了回避倾向，找到了工作，在社会上自立，最后还要面对一个考验，就是能否和别人建立互相交付身心的关系。

这不仅是害怕亲近的回避倾向的问题，也是决定能否爱上对方的依恋的问题。有的人是很强的回避型依恋，即使和对方发生关系，也很难发自内心爱对方。有的人是很强的恐惧/回避型，性只会让他们感到不安、痛苦，很少会有快感。因为很难体会到性的欢愉，恋爱和婚姻关系很难维系。特别是女性，很多人选择放弃作为一个女人的幸福。

想要改善，不能头痛医头，把焦点放在性的问题上，而应该思考如何治愈受到伤害的依恋，给予耐心，让对方明白配偶尊重她，是她的安全基地。不要强迫对方做让她恐惧、不安的事情，这是基本原则。和她们熟悉需要时间，但是慢慢会看到效果。很多有回避倾向的人都不成熟，有的人甚至中年以后性欲才觉醒。

有回避倾向的人在性关系中很难忘我投入，羞耻心也很强，很难享受到性的乐趣，更难体会到高潮。把自己交给对方，摆脱理性的束缚，放飞身体，会让他们感到害怕。

有时候出现性方面的困难是因为意想不到的问题，一旦问题得到解决，自身对于性的压力会减轻，生存态度也变得更积极。

解放自己

一位已经过了三十五岁的女性结菜（化名）来咨询，她的主要问题是情绪低落、有能力不足感、心悸。她快三十岁的时候结婚，丈夫非常自我，和他一起生活很痛苦。三年前，两人离婚。

结菜回了父母家，虽然衣食无忧，她却再次意识到自己和母亲合不来。

离婚的时候，母亲告诉她可以回家，她以为能和母亲相处融洽，但是马上就发现这是不可能的，和母亲相处感到非常压抑。

只要有一点不合母亲的心意，她就会很不高兴。姐姐很优秀、引人注目，很受母亲喜爱。结菜内向、老实，总是被忽视，很少得到表扬。

上高中之前她都认为母亲很伟大，为了女儿奉献牺牲。父亲对家庭漠不关心，她很心疼母亲，所以不愿意忤逆母亲。每次母亲怨天尤人的时候,她也对母亲的痛苦感同身受。

家里经济条件优越,不需要工作,但是母亲不幸福。父亲体质虚弱,对家里的事情也不关心,她觉得母亲之所以情绪不稳定而且总是在抱怨,也许是因为性欲得不到满足。

夫妻关系冷淡,家里没有笑声和温情。母亲的话题永远是亲戚的闲话或者对父亲的不满,喋喋不休,而结菜的任务就是倾听。她不能向别人撒娇,尤其不能向母亲撒娇。结菜渐渐觉得自己不需要向别人撒娇,变得冷漠——其实她内心一定也在寻求可以撒娇的人。

这时候,结菜遇到了K。K是大学生,母亲请他来做结菜的家教。结菜在K面前会很紧张,但是听K上课会很愉快。K和结菜正相反,性格爽朗、率真,虽然结菜只是高中女生,也并不影响K和她分享自己的事情,讲自己在大学的朋友、奇怪的教授,上课的时候甚至大半时间都在讲这些。每当此时,结菜就会觉得K离自己很近,心里偷偷爱慕他。她第一次遇到愿意把自己的优点和缺点都不加掩饰的人。

因为K,结菜努力学习,成绩有了很大进步。母亲很高兴，给K发了奖金表达感谢。K说自己什么都没做，是结菜自己在努力。当K感谢结菜让他得到奖金的时候，她有种腾云驾雾的感觉。

而在K看来，结菜就像他的妹妹一样。她对K产生了好感，却无论如何也说不出口。

K工作后不再做家教，结菜还经常找理由说想在学习上听他的意见，让母亲联系他，其实结菜只是想见见他。有两次K答应了，而到了真要和K见面的时候，结菜又胆怯了，说什么也不敢去，或者见面时故意表现得很冷淡，母亲也埋怨结菜故意折腾K。

结菜没有自信，而且自己只是一个高中生，觉得K不会在意他。上大学后，她还是忘不了K，会给他写信、发邮件。K在一家大公司就职，工作很忙，但总是亲切地回复她，认真回答她的问题。

在大学最后一个学年的时候，她委婉地告诉K自己一直想念着他，希望有空的时候可以见见面。K好像觉察到结菜的想法，告诉她自己已经有了女朋友，打算最近结婚。

结菜受了很大的刺激，却还是装作若无其事，和以前一样给他发邮件，就像依赖哥哥一样，好像自己只是他以前辅导过的学生。她知道了K不可能属于自己，却依然无法放手，无论K是什么身份，只要能继续和他保持联系，她可以永远把自己的想法藏在心里。

而K显然不愿意继续这样下去。他的语气还和以前一样轻松随意，告诉结菜忘了自己，早点结婚，并彻底和她断了联系。

结菜本来想隐藏自己的真实想法继续和K保持联系，现在觉得自己赤裸裸地暴露在光天化日之下。痛定思痛，下决心不再和有妇之夫联系。

结菜不再给K发邮件了。那个时候她遇到了现在已经离婚的丈夫脩。她被脩吸引是因为他的单纯，那个样子多少有点像K。可是接触多了发现自己看错了，他和K完全相反，非常较真。尽管如此，结菜还是选择继续和他交往，也是因为K不在而感到寂寞吧。脩很健谈，总是高谈阔论，甚至让她没有思考的时间。她觉得不用思考也很轻松，而当脩求婚的时候，她自己也觉得这段关系发展得太快了，内心很犹豫。

她又求助了K，时隔很久再次给他发了邮件。

K的回复非常简短："恭喜你！祝你幸福！"这让她终于下定了决心。在K眼里，自己只是一个负担，她觉得自己只能结婚了。

很快结菜就意识到自己的婚姻是失败的,她发现两人无法心意相通是如此痛苦,结婚前觉得可以糊里糊涂生活是一个大误判。自己不能也不愿意像母亲那样生活。决定离婚的时候她有种死里逃生的感觉。

这是结菜第一次反抗命运,为自己的人生做出选择。不管母亲如何期望,别人怎么评价,首先考虑自己的感受。但是她并没有马上恢复元气,虽然已经决定离婚,但是并没有感到轻松,反而出现了抑郁和焦虑症状,备受困扰。

这种情况下结菜来到我这里咨询。

结菜的内心发生了什么变化呢?她回顾了自己的经历。虽然决定离婚,但是她经常会想到母亲一定无法容忍自己的行为,她再次被一直束缚自己的母亲的价值观所束缚,一筹莫展。

于是出现了开头所说的情况,消沉、心悸、不安等症状折磨着她。

最终,她还是打破了母亲的价值观和生存方式的束缚,找回真正的自由,恢复了健康。她的母亲肆无忌惮地向周围的人宣泄情绪以保护自己是不成熟的做法。承受痛苦最多的就是结菜，母亲从来不想听结菜的想法和感受，她觉得自己才有想法，想不到结菜也会有，即使有也没有用，自己必须指导她。也正因为如此，结菜养成了习惯，极力克制自己表达感受和想法，她认定自己的想法根本没有用，最好不要自己做决定。

但是母亲看好的婚姻以失败告终。从那个时候开始，结菜觉得与其让别人替自己做决定的结果也是失败，还不如自己做决定，至少自己愿意接受。决定离婚的也是她自己，没和母亲商量，最后才告诉母亲，因为她知道和母亲商量她一定会大惊小怪，让自己无法冷静思考。

离婚是结菜人生中第一次摆脱母亲的影响自己做选择，每次想起这件事的时候，她都觉得很正确。虽然母亲知道后尖刻地责备她，她也有过迷惘，怀疑过自己，但是想要活出自己的人生，而不是母亲决定选择的人生，这是必须要迈出的第一步。

当她想明白这些的时候，终于恢复了元气，做事情开始主动，对于结交新朋友也积极了。有人遭遇挫折会自卑，不愿意再和老朋友见面，而结菜会主动去参加同学会，也不隐瞒自己的窘况。别人也告诉她很多自己的秘密，她明白了每个人都不容易。不仅情绪放松了，还交了很多好朋友，以前总是回避的社交场合也愿意去了。

不久，她有了男朋友，虽然怕麻烦不想结婚，但是享受恋爱的乐趣也不错。

你已经不嫌麻烦了

有回避倾向的人恢复后会变得判若两人，他们不再害怕主动，不再克制自己，不再被规矩束缚、被父母的想法左右，不再看别人的脸色，可以随心所欲。自己做决断，行动也变得轻松，想尝试各种挑战，甚至不敢相信自己以前竟然如此畏缩，本来应该按照自己喜欢的方式生活，却毫无道理地害怕、顾虑，浪费了很多时间，真的很不值得，所以会更珍惜现在的时间。因为这是自己的人生，自己可以随心所欲支配属于自己的时间。

当你这样想的时候，曾经笼罩自己的嫌麻烦的心态已经烟消云散了。

要决定自己的人生如何度过，只要迈出第一步就足矣。

结　语

　　有回避倾向的人基本都有晚熟的一面。他们年轻的时候很敏感，过度沉溺于自己的世界。人生往往起步很晚，一旦受到伤害就被不安和恐惧控制，一筹莫展，总担心失败丢脸怎么办、被拒绝被取笑怎么办，觉得什么都不做是最好的。

　　但是，他们很快就会意识到这样的人生很不值得。只考虑风险和消极因素，焦虑不安，危机感会越来越强烈，觉得自己在虚度时光。总有一天会发现自己什么都不做，总是逃避机会，担心风险，实在是太傻了，怀疑因为担心别人怎么评价而放弃了自己的人生是否值得。

　　我们都是有限的存在，属于我们自己的时间也是有限的。几十年后，所有人都会老去，化为尘土，恐惧什么呢？没有必要总担心别人怎么看自己，按照自己的意愿活出自己想要的人生就好。

不要在意别人怎么看，集中注意力做自己想做的事情。重要的是直面自己的内心——不是应该怎样做，而是自己想怎样做。也不要不好意思，大胆告诉身边的人，鼓起勇气开始行动。只要迈出第一步就好，无论这一步有多小，当你战胜恐惧并按照自己的想法开始行动的瞬间，就开始改变了。

前几天，我终于得到了一位十年闭门不出的女性的好消息。她从上大学的时候就开始宅在家里，找不到工作，郁郁寡欢，来到我这里的时候已经过了三十五岁。她的理想是努力进入社会，找到工作。如今，她走出来已经有两年半了，她成了一名正式员工，实现了当初的目标。第二个目标是恋爱，也实现了，最近有了男朋友，她说自己第一次感受到被爱的喜悦，很神奇，心态也变得平和。她的改变让我印象深刻。

当她不再自己忍受辛苦，敢于发声求助、采取行动之后，不再被自尊心所束缚、不再顾虑重重，找到自己的目标并为此努力，她的人生才开始步入正轨。

只要活着就有机会活出自己的人生，只要自己愿意就可以随时开始。不要再逃避，当你想活出自己的人生的时候，你的人生就开始改变了。

冈田尊司

图书在版编目（CIP）数据

逃避不可耻，但没用 /（日）冈田尊司著；舟慕云译. -- 北京：北京时代华文书局, 2025.5（2025.10重印）-- ISBN 978-7-5699-5932-1

Ⅰ. B848-49

中国国家版本馆 CIP 数据核字第 2025CY5953 号

Ikiru noga Mendoukusai Hito
by Takashi Okada
Copyright © 2016 Takashi Okada
Simplified Chinese translation copyright ©2025 Beijing Times Chinese Press,
All rights reserved
Original Japanese language edition published by Asahi Shimbun Publications Inc.
Simplified Chinese translation rights arranged with Asahi Shimbun Publications Inc.
through Hanhe International(HK) Co., Ltd.

北京市版权局著作权合同登记号　图字：01-2022-3965

Taobi Bu Kechi Dan Meiyong

出版 人：陈　涛
责任编辑：徐小凤
营销编辑：赵莲溪
内文设计：王艾迪
装帧设计：@muchun_ 木春
责任印制：刘　银

出版发行：北京时代华文书局 http://www.bjsdsj.com.cn
　　　　　北京市东城区安定门外大街 138 号皇城国际大厦 A 座 8 层
　　　　　邮编：100011　电话：010-64263661　64261528

印　　刷：三河市嘉科万达彩色印刷有限公司
开　　本：880 mm×1230 mm　1/32　　成品尺寸：140 mm×210 mm
印　　张：9.5　　　　　　　　　　　字　数：164 千字
版　　次：2025 年 5 月第 1 版　　　 印　次：2025 年 10 月第 6 次印刷
定　　价：56.00 元

版权所有，侵权必究
本书如有印刷、装订等质量问题，本社负责调换，电话：010-64267955。